D1732141

LUFT

Schlösser

Luftschlösser im Miniaturformat:
Vitrine der Bauverwaltung am Zoo, Dezember 1956

Andreas Hoffmann

LUFT
Schlösser

Berlins UNVOLLENDETE Bauten

: TRANSIT

INHALTSVERZEICHNIS

kein Staatsmann findet es der mühe werth,
dasz er tribut von unserm hirn begehrt;
ein erdengrundstück trägt zu lasten bei,
ein luftschlosz bleibet immer steuerfrei.
Johann Gottfried Seume

Da sehen wir sie sitzen und brüten und brüten. Leibniz tüftelt an einer Weltsprache, Cornelius Drebbel an einem Unterwasserschiff, Simon Steven an einem Auto mit Windantrieb. Not made in Holland 1599. Da entwirft der geniale Andreas Schlüter 91 Meter in den barocken Berliner Himmel hinein einen luftigen Schloßturm, der – einmal angefangen – natürlich zusammenkracht. Und in London grübeln etwa gleichzeitig Mitglieder der Royal Academy, wie man ein Haus vom Himmel zur Erde bauen könne, das Dach zu erst, das Fundament zum Schluß. Luftschloß nennt man so etwas und dessen Konstrukteure Projektemacher.

Der berühmte Lemuel Gulliver entdeckt auf seinen Reisen gar eine ganze «Academy of Projectors». Und er staunt, was man dort projektiert: Eine Methode, Minister dahin zu bringen, daß sie sich um das Allgemeinwohl sorgen. Ein Verfahren, das sicherstellt, daß stets nur Geeignete in öffentliche Ämter gelangen. Und eine Diagnose, die es Ärzten erlaubt, Senatoren vor ihren Sitzungen auf ihren geistigen und nervlichen Gesundheitszustand zu untersuchen. Unglaublich. Ausgedacht von Jonathan Swift, Dublin 1726.

Um Luftschlösser zu orten, brauchen wir räumlich und zeitlich gar nicht so weit zu suchen. Wir müssen auch nicht, wie einst Swift, satirisch werden. Allein in Berlin haben sich so viele ernsthaft verfolgte Projekte in Luft verflüchtigt, daß deren Beschreibungen, im Dünndruck publiziert, einige hundert Regalmeter füllen würden. Wir begnügen uns im vorliegenden Buch mit zwei Dutzend baulichen Beispielen. Alle stammen sie aus Berlins abwechslungsreicher Zeit von 1949 bis heute.

Als man zum Beispiel ein Luftkreuz Europas verkündete, ohne Überflugrechte zu besitzen, und einen Hubschrauberlandeplatz dahin dachte, wo die Menschen dicht an dicht wohnen. Als man einen Rangierbahnhof plante, wo hauptsächlich Containerverkehr herrscht, und eine Magnetbahnstrecke für stündlich 1800 Fahrgäste kalkulierte, während parallel dazu eine konventionelle Hochgeschwindigkeitstrasse am Entstehen war. Mitten in einen Wald hinein begann man ein Kraftwerk zu setzen, und an anderer Stelle sah man bereits Braunkohlebagger im Tagebau. An Denkmälern wurde so lange herummodelliert, bis sie nicht mehr zeitgemäß waren, und an einem Kulturforum, bis es jedem leid war. Es löste sich erschöpft in Luft auf.

Berlin – ein Wolkenkuckucksheim? Zuweilen hat es den Anschein. Hinter dem Schaufenster des Westens, dessen Auslagen hochsubventioniert waren, tummelten sich die Investoren und Planer so fröhlich wie hinter den Glasfassaden der neuen deutschen Hauptstadt heute. In den Chefetagen der Hauptstadt der DDR hingegen hing der Plan an der Wand. Hier flossen die Mittel nicht so reichlich. Doch die Vorstellungen von einer repräsentativen sozialistischen Metropole waren deshalb nicht einfallsloser. Auf beiden Seiten des Eisernen Vorhangs also drängten sich die Projekte und ihre Macher. Ihnen kamen entgegen: Großmannssucht, Selbstgefälligkeit und Eitelkeit der Entscheidungsträger, zu kurzfristig greifende Prognosen und ein System öffentlicher Subventionen im Westen, das so unökonomisch und geldraubend war wie sein volkswirtschaftliches Pendant im «demokratischen» Zentralismus des Ostens.

Den Projektemachern aber standen entgegen: Plötzlich ausbleibende finanzielle Mittel, ein gewandelter Bedarf, Regierungswechsel und die plötzliche deutsche Einigung, die Planungen haufenweise durchkreuzte. Im West-Berlin der siebziger und frühen achtziger Jahre machte ziviler Widerstand das eine oder andere Projekt zum Luftschloß. Es war ein in hiesigen Breiten seltener bürgerlicher Ungehorsam gegen den Planungsabsolutismus in den Senatsstuben, der die Demokratie als Bauherrin abgesetzt zu haben schien, eine Demokratie, die Adolf Arndt in seiner berühmten Rede 1960 als Unternehmerin gefordert hatte. Die von ihm postulierte Mitverantwortung mündiger Menschen für das Bild ihrer Gemeinwesen: der Westen vergaß sie zuweilen – dem Osten kam sie erst gar nicht in den Sinn. So wurde Stadtplanung zum Spiegel zweier Gesellschaftstypen, ob gebaut, als Luftschlösser oder in Person von deren Planern und Projektanten.

Diese beschrieb Daniel Defoe, Vater des Robinson Crusoe, in «An Essay Upon Projects» (1697) so: «Ein ehrenhafter Projektemacher ist der, welcher seine Ideen nach klaren und deutlichen Grundsätzen des gesunden Menschenverstandes und der Ehrlichkeit in angemessener Weise ins Werk setzt, dartut, worauf er hinaus will, nicht in fremde Taschen greift, selbst sein Projekt ausführt und sich mit dem wirklichen Erzeugnis als Gewinn seines Einfalls begnügt.»

Sehen wir nach.

*Ein Anfang ist gemacht: Braunkohlebohrungen am Dannenwalder Weg
in Reinickendorf, März 1949*

Am 5. Januar 1949 gab sich Berlin ein Berggesetz. Allen Ernstes erklärte sich darin der im britisch besetzten Charlottenburg tagende
Magistrat von Groß-Berlin zur Bergbaubehörde und bestellte seinen Bürgermeister und promovierten Montanisten Dr. Ferdinand
Friedensburg zum technischen Leiter eines zukünftigen Bergwerks-
betriebs. Lachen auf der anderen Seite. Auch dort gab es in der sich
spaltenden Stadt einen Magistrat von Groß-Berlin. Er tagte im Bezirk Mitte im sowjetischen Sektor. Ein ulkiges Gesetz. Man spottete,
man staunte.

Berlin war, ganz im Unterschied zu Castrop-Rauxel und Wanne-
Eickel, bis dahin noch nicht als Bergbaumetropole hervorgetreten.
Doch jetzt? Gab es Hinweise auf Gold- oder Silberadern im Kreuzberg, auf Erdöl- oder Erdgasvorkommen unter dem Teufelssee, Koh-
lelager im Stadtpark Steglitz? Beabsichtigte man tatsächlich, Förder-
türme und Zechen zu errichten, Schächte, Stollen und Querschläge
in die städtische Erde zu treiben? Marschierte in die kulturelle Sze-
ne der Westsektoren neben dem BVG- und Polizeiorchester nun
auch noch ein Spielmannszug der Groß-Berliner Knappschaft ein?

Nichts von alledem. Hier frönte kein bergbaubegeisterter Bürgermeister seinem Steckenpferd, auf öffentliche Kosten schon gar nicht. Zu ernst war die Lage für ihn und seine insularen Mitbürger, seit eine Besatzungsmacht die Lebensadern, die Interzonenstrecken zwischen den Westsektoren und -zonen, am 23. Juni 1948 politisch verstopft hatte. Blockade. Um den Geltungsbereich einer neuen Währung (man erinnert sich: Deutsche Mark) ging es vordergründig, um Ausweitung oder Eindämmung des Kommunismus, um ideologisch abgesteckte Macht- und Marktbereiche tatsächlich. Hie grenzenlose Freiheit, hie Befreiung der Arbeiterklasse, da hemmungslose Ausbeutung, da kommunistische Knute − so jedenfalls dröhnte die Propaganda von beiden Seiten des eisern-bleiernen Vorhangs. Ausgetragen wurde die Ranküne auf den Rücken der «Völker der Welt», ganz global und ganz egal, ob in Korea oder Prag, China oder Warschau. Kalter Krieg herrschte, und bitterkalt spürte man ihn in jenen milden Januartagen, als zu Berlin das Berggesetz gegeben wurde.

Das war zu der Zeit, als Frank D. Howley, seines Zeichens US-Stadtkommandant, dementierte, die Kinder in den Westsektoren würden in Kürze schulfrei genießen, weil ihre Klassenräume auskühlten (Nein, Kohle sei für mindestens 21 Tage, wenn nicht noch länger vorrätig). Und nächtens war es dunkel, bevor die Kessel für ein komplettes neues Kraftwerk («West», später «Reuter») eingeflogen wurden. Als U- und Straßenbahn um achtzehn Uhr zu fahren aufhörten, Laternen erloschen, Schaufenster sich verdüsterten, die Stromzähler in den Wohnungen täglich zwanzig Stunden still hielten. Als Bomberpiloten − vor kurzem, im Kriege, noch als Feinde betrachtet − Tag für Tag etwa 4300 Tonnen Lebenswichtiges für die über zwei Millionen Betroffenen einflogen und es, gemessen am Normalbedarf, doch Tag für Tag 1700 Tonnen zu wenig waren. Zu wenig gegen das Knurren der Mägen, zu wenig gegen das Frösteln der Glieder − aber genug zum Überleben! Und genug für viele, um das Warenangebot und die bereitgestellten Kohlezuteilungen aus dem Ostsektor abzulehnen. «Die Lasten, die sich aus dieser Lage für die Einwohner ergeben», notierte Bürgermeister und Bergbetriebsleiter Friedensburg damals in aller Sachlichkeit, «werden in bemerkenswerter Festigkeit und Geduld ertragen. Zur rechten Beurteilung der im folgenden behandelten Zustände und Probleme ist die Würdigung dieser psychologischen und moralischen Voraussetzungen unentbehrlich.» Nun denn.

Berlin-Reinickendorf, Samstag, 15. Januar 1949. Auf dem Peckwisch, einer seit Alters her sauren Wiese an Nordbahn und Nordgraben, gehen Arbeiter der Firma Andrejowski unter der Leitung von Bergingenieur Eisert daran, zwei hölzerne Bohrgeruste zusammenzuschrauben und im Boden zu verankern. In 45 bis 60 Meter Tiefe wird ein Braunkohleflöz vermutet. Erste Aufschlußbohrungen beginnen. Nach fünf Stunden Arbeit, West-Berlins Oberbürgermeister Ernst Reuter kommt gerade zu Besuch, kann man die ersten Proben aus einer etwa fünf Meter tiefen Diluvialschicht auswerten: fette Tonerde. Reporter hören mit, und so wiegelt der OB ab: nur keine zu hohen Erwartungen in die Tiefe stecken, bitte.

Man bohrt weiter, tiefer. Und tatsächlich, wie eingangs vermutet, stößt der Bohrer auf zwei Flöze, 4,20 und 5,20 Meter mächtig. Die Kohleproben gelangen eiligst ins chemische Labor, und die Analyse ergibt: Der Heizwert entspricht dem der Lausitzer Braunkohle. Die Flöze sind abbauwürdig.

Eine gute Nachricht, auch im Hinblick auf den nächsten Winter: Denn welche

Präsentation der Probebohrresultate an der Roedernallee in Reinickendorf, März 1949

Temperaturen wird Vater Frost, wie viel Luftbrückenkohle werden Amerikaner und Briten bringen? Emsigst begibt man sich an eine zweite Aufschlußbohrung, 330 Meter südöstlich der ersten. Ergebnis negativ. Offensichtlich ist das Gebiet sehr gestört und durch Bohrungen allein nicht zu erforschen. Ein anderer Weg muß beschritten werden. Am 15. Juni 1949 beschließt der für den Peckwisch zuständige Magistrat auf Friedensburgs Anraten, einen Versuchsschacht niederzubringen. Er soll nach Erreichung des Flözes der Kohle folgend die Ablagerungsverhältnisse klären. Um den Schacht abteufen zu können, beginnen sofort erste Pumpversuche im Diluvium – mit günstigen Ergebnissen. Man dringt mit den Pumparbeiten bis ins Tertiär vor – da läßt der Magistrat die Arbeiten abbrechen.

Auch in Heiligensee, im Spandauer Forst, in der Jungfernheide, am Tegeler Weg, in Wittenau: Wo auch immer Bohrgerüste aufgestellt worden sind, enden die Bohrarbeiten von einem Tag auf den anderen. Man schreibt den 6. Juli 1949.

Zwei Monate und zwei Tage ist es her, daß im fernen New York die US- und SU-Unterhändler Jessup und Malik ein Papier unterschrieben: «Alle Einschränkungen, die seit dem 1. März 1948 von der sowjetischen Regierung über Handel, Transport und Verkehr zwischen Berlin und den westlichen Besatzungszonen Deutschlands sowie zwischen der Ostzone und den westlichen Besatzungszonen Deutschlands verhängt wurden, werden am 12. Mai 1949 aufgehoben werden.» In Marienborn und Drewitz wachsen die Schlagbäume wieder vertikal in den Himmel, in Schwanheide und Staaken springen die Signale auf «Freie Fahrt». Lastwagen, Züge und Zillen erreichen die Westsektoren wieder. «Hurra, wir leben noch.» Jeglicher Grund für Aufschluß-, Untersuchungs-, Pegel- und Hilfspegelbohrungen ist damit entfallen. Zwar fliegen die Transportmaschinen noch einige Monate, zwar traut man dem Frieden noch nicht ganz und sammelt für etwaige neue Blockadezeiten eichhörnchenartig Vorräte an Lebenswichtigem an, die «Senatsreserve»: Windeln und Kohle, Schuhe und Milchpulver, Fahrräder und Hosen, das Notwendigste eben oder was man dafür hält. Doch Kohlebergbau in Berlin? Dieser Gedanke weckt wieder den normalen Eindruck des Absurden.

Am 31. August 1949 waren die letzten Rohre und Bohrgeräte aus dem Berliner Boden gezogen und abtransportiert, und 17 Tage später erstattete Bergdirektor Friedensburg vor der Stadtverordnetenversammlung Bericht: Viel Brauchbares hätten die Bohrungen nicht zu Tage gefördert. Aber die beiden Flöze in Heiligensee, in Teufen bei 70 und 85 Metern bis zu zweieinhalb Meter mächtig, dieses Vorkommen, ja das könnte «bei weiteren Bohrungen eventuell noch die Möglichkeit eines Bergbaues aufzeigen.» Wie hieß doch Friedensburgs erst sechs Jahre alte Schrift, verfaßt vor, veröffentlicht nach Stalingrad: «Die Rohstoffe und Energiequellen im neuen Europa». Heiligensees unentdeckte mächtige Flöze erwähnt sie nicht. Da war noch was drin.

Die Zeche der Kohlesuche betrug übrigens 365 000 Mark – West versteht sich.

Wiederaufbauruine vor dem Abriß, März 1961

Das Institutsgebäude der Friedrich-Wilhelms-Universität, das nach der Bombennacht vom 3. Februar 1945 am Schinkelplatz brannte, schien seinem Wesen nach ein Zweckbau wie viele in Berlin zu sein: unverputztes Sichtmauerwerk, genormte Schmuckelemente, schlichte, glatte Fassade, der konstruktive Rohbau klar erkennbar an den Lisenen und der Rasterung der Wände. Wie oft trifft man diesen Bautypus an, als Volksschule oder Kaserne, Fabrik oder Nachtasyl, Amts- oder Gemeindehaus! Der Bau am Schinkelplatz, entstanden von 1832 bis 1836, jedoch war in Deutschland der erste dieser Art, stand Modell für eine ganze Schule zweckmäßigen, modernen und dennoch ästhetisch ansprechenden Bauens: Karl Friedrich Schinkels Entwurf zum Gebäude der Allgemeinen Bauschule, kurz Bauakademie, ist eine Inkunabel neuzeitlicher Architektur.

Dieser vom Erdboden verschwundene quadratische, 180 Fuß mal 46 Meter messende rote Kubus heißt landläufig «Bauakademie», doch diente er als solche nur anfangs. Wohl befand sich die «Allgemeine Bau-Unterrichtsanstalt für alle Königlichen Staaten» in den achtzig Jahren ihres selbständigen Bestehens, zwischen ihrer «vorläufigen Einrichtung» am 6. Juli 1799 und ihrer Angliederung an die Königlich Technische Hochschule am 1. April 1879, immerhin fast ein halbes Jahrhundert in Schinkels Gebäude. Doch hat sie es nicht allein genutzt (sondern gemeinsam mit der Obersten Preußischen Baubehörde), und nach ihrem Umzug in das neue Charlottenburger Hochschulgebäude im Herbst 1884 gab es noch viele Nutzer: die Meßbildanstalt, die Nationalgalerie, das Meteorologische Institut der Berliner Universität, die Deutsche Hochschule für Politik und – zum Schluß – die Auslandswissenschaftliche Fakultät der Universität. Geschadet hat dies dem Äußeren des einstigen Akademiegebäudes nicht. Erst Bomben und Artilleriebeschuß machten es zuschanden.

Als es danach ans Aufräumen ging, 1948 das Innere und dann das Umfeld enttrümmert wurden, die Ruine Anfang Februar 1949 auf sowjetischen Befehl in die treuhänderische Verwaltung des Magistrats von Groß-Berlin überging, gab es keine Diskussion: Das Haus der alten Bauakademie muß wieder aufgebaut werden!

Kaum jemand hatte mehr Interesse daran als der Präsident der 1951 gegründeten Deutschen Bauakademie Kurt Liebknecht, Neffe des KPD-Mitbegründers. Und es war ein Mitglied der Bauakademie, das schon 1950 den Auftrag zur Rekonstruktion erhielt: Richard Paulick, dem der Osten Berlins die Erhaltung manch historischen Bauwerks verdankt. Walter Ulbricht selbst setzte sich für den roten Kubus ein, am 8. Dezember 1951 im Admiralspalast zur feierlichen Eröffnung der Deutschen Bauakademie: «Möge der Wiederaufbau des zerstörten Schinkelschen Gebäudes der Bauakademie symbolisch dafür sein, eine wie hohe Achtung die Leistungen der deutschen Baukunst bei uns genießen und wie stark der Wille zur schöpferischen Weiterentwicklung der Architektur ist.»

Mit der der frühen DDR eigenen Verve gingen alle Seiten die Arbeit an. Der Ministerrat nahm das Investitionsobjekt in den Volkswirtschaftsplan auf. Der Magistrat übergab das Grundstück der Deutschen Bauakademie für ihr künftiges Domizil. Paulicks Meisteratelier maß genau auf und machte sich an die Planung der 100 Räume mit 300 Arbeitsplätzen: des Casinos und der Bibliothek, des Lesesaals und der Verwaltungsräume, des Ausstellungsbereichs im Erdgeschoß und des Präsidentenbüros im 1. Obergeschoß, der Clubräume und des großen Sitzungssaals, der Arbeitsräume der fünf Institute im 2. und 3. Obergeschoß bis hin zur Heizung im Keller. Schon wurden die ersten Formsteine nachgegossen, Eichenfenster und Türen geschreinert, Kronleuchter nachgeformt, Gewölbe gemauert, Kellerräume tiefer gelegt. Für 1955 war die Eröffnung vorgesehen.

Ende 1953 waren etwa zwei Millionen Mark in das Baudenkmal investiert, der Rohbau zu etwa 85 Prozent fertig, ein Notdach errichtet, Decken und Wände eingezogen, die Fassade bis auf die Fenster gesichert, großenteils auch schon erneuert. Auf dem Baugelände lagerten 192 Fenster, 12 500 Keramikteile, fertig für den Einbau. Sechs fertige Original-Schinkelkronen standen abholbereit in der Restauratoren-Werkstatt. Stolz fotografierte Bilder aus jenem Jahr zeigen eine Bauakademie, die äußerlich betrachtet nur noch geringe Schäden erkennen läßt. Am 21. November 1953 ruhte die Arbeit für einen Tag: Richtfest.

Dann ruhte sie für länger. Denn plötzlich gab es für 1954 keine finanziellen Mittel mehr. Die Staatliche Plankommission, in deren Kompetenz die Finanzierung lag, geriet in ein Gerangel um Zuständigkeiten mit Ministerrat, Magistrat und Denkmalpflege. Vorsprachen, Rücksprachen, Aussprachen, Anträge, Schriftsätze, Verhandlungen, Telefonate und Ablehnungen, Ablehnungen, Ablehnungen. Schließlich stellte Richard Paulick in Absprache mit Kurt Liebknecht Mitte 1955 die Arbeit am Projekt ein.

Das Bauministerium als Planträger schaffte es 1956 noch einmal, etwa eine halbe Million Mark bereitzustellen, um damit einen Großteil der notwendigen Formsteine brennen zu lassen und damit der Fertigstellung der Fassade näher zu kommen. Ja, Paulick erhielt sogar den Auftrag, den Wiederaufbau zum Abschluß zu bringen. Doch wurde er wenige Wochen später mit seinem Kollektiv nach Hoyerswerda abberufen. Der dortige Wohnungsbau hatte Priorität.

Am Schinkelplatz hingegen ging es nicht mehr um das Haus der Bauakademie allein, sondern um ihren Platz in einer sozialistisch zu gestaltenden neuen Stadtmitte insgesamt. Und je länger sich die Beratungen zwischen dem Magistrat, der Berliner SED-Bezirksleitung und dem Politbüro des ZK der SED darüber hinzogen, desto weniger wußten Politiker und Planer mit dem halbsanierten Kasten etwas anzufangen.

Dessen Ende besorgte Walter Ulbricht. Nach der Auslobung des Ideenwettbewerbs zur «Sozialistischen Umgestaltung des Stadtzentrums» im Oktober 1958 äußerte er, die Bauakademie sei abzureißen und ihr Grundstück zum Bau des Ministeriums für Auswärtige Angelegenheiten mitzuverwenden. Eine Planungsvorgabe?

Ulbrichts Urteil ruft einen lauten Widerhall Berufenerer hervor. Da schreibt Bauakademiemitglied Kurt Junghanns am 17. Januar 1959 an den Berliner SED-Bezirkssekretär Paul Verner: «Dürfen wir diesen geschichtlichen Untergrund einer Stadt wie Berlin, die Hauptstadt sein soll, durch Abbrüche schwächen, die den wertvollen Bestand gerade des zentralen historischen Ensembles angreifen? Ich betrachte deshalb die ganze Frage nicht nur vom baugeschichtlichen Aspekt, sondern auch vom politischen, und meine, daß der Abbruch in dieser Hinsicht einen Verlust bedeutet, nachdem gerade von unserer Seite die Bedeutung Schinkels und seine fortschrittliche Rolle in den vergangenen Jahren sehr stark herausgestellt worden ist.» Da warnt der Kunsthistoriker an der Humboldt-Universität Gerhard Strauss Ende November 1959: «Auf die Bauakademie verzichten, hieße ein entscheidendes Denkmal der nationalen und internationalen Baugeschichte aufgeben.» Da argumentiert Hans Schmidt, Direktor des Instituts für Theorie und Geschichte der Baukunst der Deutschen Bauakademie, Ende März 1960 ökonomisch und politisch: «Bei der Schinkel'schen Bauakademie liegen die Dinge so, daß bei einem Abriß des Gebäudes die in den vergangenen Jahren für die bereits erfolgten Sicherungsmaßnahmen und Vorbereitungen zum Wiederaufbau ausgegebenen ca. 3 Millionen Mark umsonst vertan sein würden. Neben diesem materiellen Schaden, den unser Staat dadurch erleiden würde, ist aber auch der politische Schaden zu bedenken, da sich bereits herumgesprochen hat, wieviel Geld bisher in das Gebäude investiert worden ist.» Da kommt Kritik vom Magistrat, vom Denkmalschutz, von Richard Paulick sowieso. Da melden sich – und machen damit vermutlich vieles schlimmer – westliche Experten zu Worte (Goerd Peschken: «geistiger Selbstmord.») Da macht sich selbst die Neue Zürcher Zeitung am 20. Januar 1960 zum Anwalt: «Möge ein internationaler Hagel von Protesten doch noch eine Sinnesänderung bewirken!»

Sinnesänderung, tatsächlich! Überlegungen, den Kubus auf Rollen zu setzen und zu verschwenken, werden angestellt, dann aber mit Blick auf den unsicheren Baugrund verworfen. Das Leitungskollektiv zum Aufbau des Stadtzentrums entscheidet schließlich am 13. März 1961, Schinkels 180. Geburtstag, die «wertvollen Teile» des Gebäudes zu bergen, es abzubrechen und dann an der Ecke Kur-/ Französische Straße unter Verwendung der Originalteile wieder aufzubauen. Eine Woche später beschließt die Stadtverordnetenversammlung in diesem Sinne. Ein Kollektiv von Denkmalpflegern unter Leitung von Lothar Kwasnitza wird gebildet, um die Arbeiten vorzubereiten, die im folgenden Jahr beginnen sollen.

Also tragen Bauarbeiter von Juli 1961 bis Februar 1962 das Haus der Bauakademie so sorgfältig wie möglich ab, bauen pfleglichst die Terrakottaplatten und andere wertvolle Teile aus und fahren sie vorsichtig in die Magazine der Staatlichen Museen und des Märkischen Museums und ins Lagerhaus des ehemaligen Kaufhauses Held in der Brunnenstraße, wo sie später teils mutwillig zerdeppert, teils gestohlen werden.

1965 sollte an der Kurstraße Baubeginn sein. Es kam bis heute nicht dazu. Das vorgesehene Grundstück, auf dem «Glacis» des ZK-

Gebäudes, blieb unbebaut – bis heute. Auch ein zweiter Standort, am Märkischen Museum, wurde nicht realisiert.

In dem 1987 in der Friedrichwerderschen Kirche eröffneten Schinkel-Museum kam manches erhalten gebliebene «wertvolle Teil» der Bauakademie unter. Ihre linke Portaltür restaurierte der Bildhauer Carl Möpert, ihre rechte Achim Kühn. Die komplette Tür wurde neben dem Außenministerium in das Lokal «Schinkelklause», heute selbst Ruine, eingebaut.

Jonas Geist: «Die politische Erfahrung geht ein in die ästhetische Beurteilung. Wir machen heute mit den Abrißeuphorien gegenüber den DDR-Staatsbauten ähnliche Erfahrungen. Indem man sie beseitigt, denkt der nächste Staat, daß er die Erinnerung an die Deutsche Demokratische Republik, an den Versuch des Sozialismus auf deutschem Boden im guten wie im bösen auslöschen kann; auch diese Haltung wird sich nicht auszahlen.»

Die Bauakademie zeigt – nächtens angestrahlt – gegenwärtig ihren nordöstlichen Gebäudewinkel. Mehr nicht. Und zu diesem Eckchen Musterfassade kam es auch nur, da der Bildungsverein Bautechnik 1999/2000 sie als «Beitrag zum Wiederaufbau des Gebäudes» durch Auszubildende aufmauern ließ, um zu «mahnen für die originalgetreue Wiederherstellung der historischen städtebaulichen Raumbezüge». So erklärt den Torso eine Tafel. Immerhin beweist das Fragment, für das brandenburgische Ziegeleien Formsteine und Terrakottareliefs nach Originalvorlagen nachbrannten, daß die Rekonstruktion machbar ist. Es beweist zugleich, daß sie nicht billig ist, wandte der Bildungsverein doch allein für die zwei Fensterachsen 1,4 Millionen DM auf. Und es bewies, daß private Bauherren, an die als Investoren sich die Aktion richtete, offenbar kein Interesse an dem Schinkelbau haben. Es fühlt sich niemand angesprochen.

Der unbekannte Grundstein: Liebknecht-Denkmal im Grenzgebiet, März 1990

1. Mai 1916. Eine neue Zeit bricht an. Der Bundesrat hat im dritten Kriegsjahr beschlossen, mit der hellen Tageszeit sparsamer zu haushalten. «Der 1. Mai beginnt demnach am 30. April 11 Uhr nachmittags.» Dann nämlich werden alle Uhren im Deutschen Reiche um eine Stunde auf Mitternacht vorgestellt. Für fünf Monate gilt die Mitteleuropäische Zeit in Mitteleuropa nicht mehr; es wird später dunkel zwischen Verdun und Narotsch-See. Sommerzeit herrscht – erstmals.

Am 1. Mai 1916 ist schulfrei. Die Berliner und Brandenburger Schüler dürfen sich freuen. Kut el-Amara, die 143 Tage lang belagerte Festung am Tigris, ist gefallen. Die osmanischen Verbündeten haben 13000 Briten ehrenvoll niedergehungert. Vaterländisch hält der Schuldirektor in der Aula darüber eine Ansprache, dann ein Hurra, schnell heim und mittags am Eßtisch löffeln, was Mutter aus der täglichen 274,4 Gramm-Lebensmittelration gezaubert hat. Man hat «sich mit dem bestehenden Zustande abgefunden und erträgt ihn in stummer Resignation», nimmt der sozialdemokratische «Vorwärts» zu den halbleeren Kochtöpfen am 30. April Stellung.

Wozu das Parteiorgan nicht Stellung bezieht, ist der folgende Tag, der Tag der Arbeit nämlich. Kein Wort, daß mit dem Krieg Schluß sein soll. Kein Aufruf zu einer Maidemonstration, zu einer Kundgebung, zu einer Maifeier. Keine Beschwörung der internationalen

Solidarität über Maas und Memel hinaus. Burgfrieden scheint sich seit zwei Jahren wie Nebel über das Reich gelegt zu haben. Keine Parteien sind darin mehr auszumachen, der Kaiser erkennt nur noch Deutsche. Und sie, seine treuen Untertanen, fechten für das vage Ziel des Siegfriedens. Alle. Selbst die vaterlandslosen Gesellen links. In eiserner Fraktionsdisziplin stimmen sie mit den bürgerlichen Volksvertretern ein ums andere mal für die Aufnahme neuer Kriegskredite. Einmütigkeit im Reichstagsgebäude, an dessen Portikus nach langem Zögern zu Weihnachten 1916 die Aufschrift «Dem Deutschen Volke» angebracht wird. Disziplinierte Sozialdemokraten also? Bei der Bewilligung der ersten Kriegskredite ja. Beim zweiten Mal schon nicht mehr: Es gibt einen Abweichler.

Karl Liebknecht hieß der. Im gleichen Jahr wie das Deutsche Kaiserreich geboren, begab sich der Rechtsanwalt und Sohn des grossen Wilhelm Liebknecht relativ spät in das politische Geschehen, so unbedingt sozialistisch wie antimilitaristisch. Mit dem Mehrheitsvotum seiner potsdam-spandau-havelländischen Wähler ausgestattet, saß der SPD-Abgeordnete gerade zwei Jahre im Reichstag, als Europa für den Weltkrieg mobil machte. Liebknechts Widerstand dagegen, zuerst nur im Kreis der Fraktion, dann auch im Plenum, wurde seiner sich bürgerlich gerierenden Partei so unangenehm, daß ihn die Reichstagsfraktion Anfang Januar 1916 ausschloß. Er blieb nicht der einzige; die parlamentarische Spaltung der Arbeiterpartei hatte begonnen.

Nun der 1. Mai 1916. Weder Gewerkschaften noch Sozialdemokraten haben zu einer Maifeier aufgerufen. Flugblätter und Handzettel der Gruppe um Liebknecht sind kursiert, und in stiller Post ging von Mund zu Mund die Nachricht: Nach des Tages Arbeit abends um acht Maidemonstration auf dem Potsdamer Platz. Und tatsächlich, viele kommen – und Polizei. Gedränge, Gerempel, Hufgetrappel der Polizeipferde, erboste Demonstranten (Tausende sollen es gewesen sein), aber keine Kundgebung. Polizei kann rechtzeitig genug eingreifen. Dann plötzlich, aus der Nähe des Eingangs zur Untergrundbahn, eine bekannte Stimme, laut und sonor: «Nieder mit dem Krieg! Nieder mit der Regierung!» Umgehend springen Polizisten bei und nehmen Liebknecht fest und mit ihm neun weitere Personen. Erst gegen «halb elf Uhr nachmittags» sind die Demonstranten zerstreut.

Liebknecht, im Jahr zuvor als Armierungssoldat eingezogen, unterliegt der Militärgerichtsbarkeit. Folglich verurteilt ihn das Kommandanturgericht Berlin zu zweieinhalb Jahren und drei Tagen Zuchthaus. In zweiter Instanz erhöht das Oberkriegsgericht wegen versuchten Kriegsverrats, erschwerten Ungehorsams im Felde und Widerstands gegen die Staatsgewalt gar auf vier Jahre und einen Monat. Haftort ist Luckau. Vergeblich wird für seine Freilassung demonstriert. Verworfen wird Liebknechts Revisionsantrag vor dem Reichsmilitärgericht. In die Ausschüsse verwiesen wird ein Antrag der SPD-Fraktion im Reichstag, mit Rücksicht auf seine Immunität den Abgeordneten zu verschonen. Erst am 23. Oktober 1918 kommt Liebknecht frei. Keine drei Monate mehr, dann wird er ermordet. Ein Märtyrer ist geboren. Zu «Karl und Rosa» auf den Zentralfriedhof Friedrichsfelde wallfahren Mitte Januar auch heute noch Zehntausende – Jahr für Jahr Deutschlands größte politische Demonstration.

Die Gedenkstätte der Sozialisten in Friedrichsfelde, in faschistischer Zeit zerstört, wurde 1949/50 wiederhergestellt und am 14. Januar 1951 eingeweiht. Im selben Jahr, am 13. August, gedachte die politische Prominenz im Osten Berlins auch Liebknechts achtzigsten Geburtstags: in der Deutschen Staatsoper eine Gedenkveranstaltung vor der gesamten Staatsspitze, Kranzniederlegungen gesamtdeutsch in Friedrichsfelde, vor Liebknechts Wohnhaus in Steglitz und seinem Zufluchtsort in Wilmersdorf. Vormittags schon trafen sich einige hundert Personen vor der Ruine des Potsdamer Bahnhofs in der Nähe des Südeingangs zum U-Bahnhof Potsdamer Platz, um den Grundstein für ein Liebknecht-Denkmal zu enthüllen, dort, wo der Ahnherr des deutschen Kommunismus 35 Jahre zuvor verhaftet worden war. Feierlich schweigend wurden sie Zeugen, wie die Hülle von dem etwa 1,70 Meter hohen, grauen Sandsteinblock fiel und die Aufschrift freigab: «Von dieser Stelle aus rief Karl Liebknecht am 1. Mai 1916 zum Kampf gegen den imperialistischen Krieg und für den Frieden auf.» In die Rückseite war gemeißelt: «Grundstein eines Denkmals für Karl Liebknecht 1871-1919».

Der «große Friedenskämpfer» von 1916: Nun wurde er nach neuerer offizieller Lesart angesprochen als Alliierter in dem von den «westlichen Imperialisten und den Bonner Spaltern» aufgezwungenen Kalten Krieg. Der Ost-Berliner Oberbürgermeister Friedrich Ebert in seiner Ansprache: «An dieser Stelle, an der heute noch die von den amerikanischen Imperialisten und ihren deutschen Verbündeten errichtete Sektorengrenze unsere Stadt zerteilt, wo aber einmal wieder das Herz der Hauptstadt eines einigen, demokratischen und friedliebenden Deutschland schlagen wird, soll sich mahnend die Gestalt Karl Liebknechts erheben.»

Gut ausgesucht hatte der Magistrat von Berlin (Ost) die Stelle eigentlich. Hier am Schnittpunkt dreier Sektoren, ganz in der Nähe des alten und geplanten künftigen gesamtdeutschen Regierungsviertels in der Wilhelmstraße, sollte jährlich zu Füßen seines Standbilds Liebknecht geehrt werden.

Doch die politische Entwicklung verlief anders. Zwei Jahre später, im Juni 1953, umtobte eine Straßenschlacht den Denkmalssockel, Steinewerfer gegen Panzer, Panzer gegen Steinwerfer, und als Konsequenz Festnahmen und Urteile gegen die Demonstranten, die härter waren, als Liebknecht sie je von der Klassenjustiz zu gewärtigen gehabt hätte.

Ein Sockel für Liebknecht am U-Bahnhof Potsdamer Platz vor der Ruine des Hauses Vaterland, 1958

An seinem 90. Geburtstag, genau am 13. August 1961, rückte das Denkmalprojekt völlig ins Abseits. Wenige Meter von dem Grundstein entfernt wurde Stacheldraht ausgerollt, und als der «antifaschistische Schutzwall» in hinreichender Breite ausgebaut war, stand der Sandsteinsockel unverrückt auf freiem Feld zwischen, wie es hieß, «vorderem Sperrelement» und «Hinterlandmauer». Vielleicht versuchte einmal ein Tourist mit einem guten Fernglas «Karl Liebkn...» zu entziffern, vielleicht legte mal ein müder Grenzsoldat sein Gewehr auf dem Grundstein ab, vielleicht setzte sich ein Spatz darauf oder ein Kaninchen davor. Ein Ort für Kranzniederlegungen, für Kampfdemonstrationen, für eindrucksvolle Gelöbnisse zur allseitigen Stärkung der DDR im Geiste Karl Liebknechts war dies nicht. Hier galt der Schießbefehl. Liebknechts Gedächtnis wahrte man in Friedrichsfelde, seltener an seinem Geburtstag im sommerlich warmen August jedoch als an seinem Todestag im eisigen Mittjanuar.

Auf die Tagesordnung des SED-Politbüros gelangte das Denkmal für Liebknecht noch einmal 1974. Es beschloß im Zusammenhang eines langfristigen «Plans zur Gestaltung von Denkmälern der revolutionären Arbeiterbewegung», Liebknecht ganz zentral ins Berliner Bewußtsein zu rücken, «zentral» nicht mehr im Sinne ganz Berlins, sondern nur noch Ost-Berlins: «Standort: Nordwestseite der Liebknechtstraße zwischen Spandauer Straße und der Spree im Fußgängerbereich. Gestaltung: Plastisch gestaltete Figur [...], Termin; 1979». Es ist dies die Stelle, an der 1976 bis 1979 das Palasthotel gebaut wurde, das es seit 2001 auch schon nicht mehr gibt. Kein Platz für Liebknecht?

Doch, er hat sein Denkmal erhalten, allerdings im kapitalistischen Teil Berlins und zu einer Zeit, da diesen christliche und freie Demokraten regieren. Eben jene CDU hatte im Jahre Achtundsechzig den Regierenden Bürgermeister – einen Sozialdemokraten – noch angegriffen, weil er eine Initiative für ein Liebknecht-Luxemburg-Denkmal gegenüber dem Aquarium unterstützte. Dort, wo einst im Hotel Eden Luxemburg und Liebknecht von ihren Mördern gefangen gehalten wurden, kam die heutige Grundkreditbank zu stehen. Doch erhebt sich am Neuen See im Tiergarten, wo Liebknecht danach «auf der Flucht» erschossen wurde, seit August 1987 eine kunstvoll geklinkerte Stele, gestiftet von den Architekten Rolf Schüler und Ursulina Schüler-Witte und von zwei Dritteln des Berliner Abgeordnetenhauses akzeptiert.

Kehren wir ein letztes Mal zum Potsdamer Platz zurück. Hier schlägt, wie von Oberbürgermeister Ebert bei der Grundsteinlegung prophezeit, wenn auch ganz anders, nach einer radikalen städtebaulichen Implantierung wieder eine künstliche Herzkammer der einst geteilten Stadt. Doch «die Gestalt Karl Liebknechts» erblickt man nirgends. Nicht einmal mehr der Grundstein steht noch. Am 23. März 1995 ließ ihn die Firma Roland Ernst wegheben, als sie sich an den Bau des ABB-Hauses machte. Der unscheinbare, vollgesprühte Klotz mit seiner kryptischen Inschrift störte einfach …

«Modell Marx-Engels-Platz mit Hochhaus und Dom»,
ausgestellt im Dezember 1951

Pfingsten 1950. Schon Tage zuvor sah man Johannes R. Bechers Lyrik zufolge «auf den Straßen, auf den Bahnen Deutschlands Jugend zieh'n. Hoch im Blauen fliegen Fahnen, Blaue Fahnen nach Berlin.» Das Ziel der flatternden Flaggen: Das I. Deutschlandtreffen der Jugend, der Freien Deutschen Jugend zumal, am Sitz der Regierung der Deutschen Demokratischen Republik.

Am Mittag des 27. Mai 1950, dem Samstag vor Pfingsten, setzte, aus Moskau kommend, auf dem Flugplatz Schönefeld eine Propellermaschine auf. Zusammen mit anderen Passagieren entstieg dem Flugzeug eine kleine Gruppe mit Aktentaschen und strebte zu Fuß über das Rollfeld dem kleinen Abfertigungsgebäude zu. Ihrem Alter nach sahen die Herren nicht aus, als seien sie hoch im Blauen herbeigeflogen, nur um tags darauf mit angeblich 700 000 anderen Jugendlichen für ein einig Vaterland und gerechten Frieden über den Lustgarten zu zieh'n. Die Herren im gesetzten Lebensabschnitt, die von Schönefeld ins Stadtzentrum chauffiert wurden, hockten allenfalls auf der Ehrentribüne, mechanisch winkend, unter sich die jubelnde Jugendschar und neben sich den immer noch beachtlichen Rest des alten Stadtschlosses – und damit sind wir fast beim Thema.

Denn die Delegation, die nach einer etwa sechswöchigen Studienreise durch die Sowjetunion in die aus Ruinen auferstehende Repu-

23

blik zurückgeflogen war, brachte für deren der Zukunft zugewandten Städtebau wichtige Anregungen aus dem Lande Stalins mit. Zu der Delegation, geleitet vom Minister für Aufbau Lothar Bolz, gehörten Kurt Liebknecht, Direktor des Instituts für Städtebau und Hochbau im Aufbauministerium, und Edmund Collein, Leiter des Hauptamtes für Stadtplanung, sowie die Baufachleute Waldemar Alder, Kurt Leucht und Walter Pisternik. Ihr Ziel war gewesen, Theorie und Praxis des Städtebaus in der UdSSR kennenzulernen und zu verinnerlichen.

Ihre Eindrücke von den Plätzen, Prospekten und Metros, den Kathedralen und Palästen des Sozialismus, in Moskau oder Stalingrad, Kiew oder Leningrad, diese Eindrücke fanden wenige Wochen später Eingang in die «Sechzehn Grundsätze für den Städtebau» und in das «Gesetz über den Aufbau der Städte in der Deutschen Demokratischen Republik und der Hauptstadt Deutschlands (Berlin)»: Keinen Formalismus, keine neue Sachlichkeit, kein Bauhaus mehr, den glasglatten kapitalistischen «amerikanischen» Fassadenstil schon gar nicht. Nein, die Creme der heimischen, bevorzugt klassizistischen, nach Belieben auch barocken Baumeister, die Schinkel und Schlüter, die Gontard und Gerlach, Hesse und Hitzig sollten modellhaft stehen für einen Zuckerbäckerstil traditionalistischer, nationaler Richtung, in ganz Deutschland, zuerst jedoch in dessen Demokratischer Republik und zu allererst in deren Hauptstadt.

„Das Zentrum der Stadt soll sein charakteristisches Bild erhalten durch monumentale Gebäude und eine architektonische Komposition, die der Bedeutung der Hauptstadt Deutschlands gerecht wird», sagte Walter Ulbricht am 22. Juli 1950, als er auf dem 3. Parteitag der SED den ersten Fünfjahrplan erläuterte. Und er fragte: «Wäre es nicht zweckmäßig, im Zentrum der Stadt den Straßenzug von der Stalinallee bis zum Brandenburger Tor wiederaufzubauen, den Lustgarten und den Alexanderplatz als die beherrschenden Plätze des Stadtinnern zu architektonisch schönen Plätzen zu gestalten, durch den Arbeitsenthusiasmus der Berliner Bevölkerung die alten herrlichen Gebäude wiederherzustellen und die neuen Gebäude an diesen Plätzen und an der Hauptstraße architektonisch schön im Sinne des Volksempfindens zu gestalten?» Ach, welche Herrlichkeit! Indes, der Arbeitsenthusiasmus der Berliner Bauarbeiter bekam drei Jahre später Mitte Juni in der Stalinallee lauthals einen Dämpfer. Und das Volksempfinden, dieses in den beiden verflossenen Jahrzehnten so heftig strapazierte propagandistische Nichts, wo äußerte es sich, als eines der alten herrlichen Gebäude, das Berliner Schloß, zur Disposition stand? In den Zirkeln der Fachleute hörte man empfindsame

Kritik, in der wiederbegründeten Bauakademie, bei Landeskonservatoren, Kunstexperten, Museumsleuten, in der Humboldt-Universität, in der neuen Deutschen Akademie der Wissenschaften. Das Volksempfinden aber, das den Ausschlag geben sollte, wurde in Ulbrichts allerengstem Kreis formuliert, dort, wo – wenn aufgefordert – der Kunstverstand vor dem politischen Willen Purzelbäume zu schlagen hatte: im Parteivorstand der Sozialistischen Einheitspartei Deutschlands. So war es der als kunstsinnig weithin unbekannte Walter Ulbricht, der vehement verlangte, «das Gebiet der jetzigen Schloßruine [... müsse] zu dem großen Demonstrationsplatz werden, auf dem der Kampfwille und Aufbauwille unseres Volkes Ausdruck finden können.» Nur welche Form sollte er erhalten, dieser Acker der Akklamation für Aktivisten?

Zunächst einmal wurde der «Hohenzollernkasten» gesprengt und seine Trümmer rechtzeitig bis Ende März 1951 abgeräumt, so daß pünktlich am Kampftag der Arbeiterklasse dreitausend ihrer höchstgestellten Repräsentanten eine binnen Monatsfrist errichtete Tribüne besteigen konnten, um sich am überschäumenden Kampfwillen und Aufbauwillen ihres Volkes zu ergötzen. Der Marx-Engels-Platz, wie der schloßlose Schloßplatz nunmehr hieß, war für Massendemonstrationen bestens dimensioniert. Doch die lange Reihe von Tribünenstufen konnte lediglich ein Provisorium sein, wenngleich, wie sich herausstellen sollte, ein dauerhaftes. Denn die Pläne für eine repräsentative Platzgestalt, die in den fünfziger Jahren gewälzt und gewendet wurden, beließen erst einmal alles beim Alten und fanden erst in den Siebzigern die Lösung, die wir (trotz des 1995 abgerissenen Außenministeriums und des kaputtsanierten Palasts der Republik) noch heute vorfinden. Doch welch bunte Blüten trieb die Phantasie der Architekten und Städtplaner!

Genährt wurden sie durch die Ideen, die Bolz, Liebknecht und Collein aus Moskau mitgebracht, ihren Kollegen in den «Sechzehn Grundsätzen für den Städtebau» mehr oder minder direktiv mitgeteilt hatten und in den «Grundzügen für den Wiederaufbau und die Neugestaltung des Zentrums der Hauptstadt Berlin» im Sommer 1950 dargelegt waren. Umgehend wußte die Berliner Zeitung am 27. August zu berichten: «Hinter der Tribüne, auf der anderen Seite des östlichen Spreearms, soll sich ein repräsentatives Gebäude, wahrscheinlich ein Hochhaus, erheben.» Seine Zweckbestimmung war noch nicht fest umrissen: ein Büroturm jedenfalls mit Sitzungsräumen für wichtige gesellschaftliche und staatliche Organe, den Ministerrat, die Volkskammer oder so. Die Imagination der Planer und Architekten jedenfalls war gefordert, ihre Vorschläge und Konzepte türmten sich.

Ein erster Entwurf, eingereicht von Richard Paulick, damals Direktor des Instituts für Wohnbauten bei der Bauakademie, zeigte noch im selben Jahr 1950: ein 120 Meter hohes Turmhaus für die Regierung und die Volkskammer jenseits der Spree, ohne Verbindung mit dem Marx-Engels-Platz. Vieles, was Paulick entworfen hat, wurde realisiert, vor allem in der Stalinallee, sein Zentrales Gebäude nicht.

Ein anderer Entwurf kam von Hanns Hopp, damals Direktor des Instituts für Theorie und Geschichte der Architektur bei der Bauakademie, im Jahr 1951: ein 150 Meter hohes Turmhaus, mit dem Platz, auf das es Bezug nehmen soll, durch eine Brücke verbunden. Einiges was Hopp konzipiert hat, ob für die Hochschule für Körperkultur in Leipzig oder die Tbc-Heilstätte Bad Berka, wurde gebaut, sein Zentrales Gebäude nicht.

Ein dritter Entwurf wurde eingereicht von Edmund Collein im Jahr 1953: ein schlankes, an einen gotischen Kirchturm erinnerndes, hoch ins Blaue ragendes Hochhaus auf dem Marx-Engels-Platz in Sichtbeziehung zu einem 25 Meter hohen Denkmal für die beiden Ahnherrn des Sozialismus. Manches von Collein, Teile der Wohnbebauung der Berliner Karl-Marx-Allee beispielsweise, nahm Gestalt an, sein Zentrales Gebäude nicht.

Ein vierter Entwurf wurde vorgelegt von dem Kollektiv Hanns Hopp, Hans Mertens, Wolfgang König und Gerhard Kosel, dem Staatssekretär im Ministerium für Aufbau, im April 1958, der detailliertste vielleicht. Zum Zentralen Gebäude gehörte ein Marx-Engels-Haus, und dieses sollte vieles sein: ein Reliquiar für die «Kleinodien der Internationalen Arbeiterbewegung», das Manuskript des Kommunistischen Manifests und den Erstdruck des «Kapital» beispielsweise. Ein Museum über den Kampf und Sieg des Sozialismus von «seinen ersten Anfängen in Arbeiterzirkeln» bis zum «Flug der roten Monde in den Weltenraum». Ein Marx-Engels-Denkmal mit Ehrentribüne. Eine Zentralbibliothek der Werke des Marxismus-Leninismus. Eine Kongreßhalle, Versammlungssäle, das Marx-Engels-Institut, Klubräume, Seminarräume, Vortragsräume. Die ganze Anlage eingebettet in eine märkische Seenlandschaft, für die Kosel die Spree ausbaggern und -buchten lassen wollte. Und als Höhendominante, als Turm der Kathedrale des Sozialismus, so hoch wie West-Berlins Funkturm, besser noch ein paar Zentimeter höher, das obligate, etwa 150 Meter hohe Hochhaus. Es galt, kurzgefaßt, «der kapitalistischen Ausbeuterwelt des ‹Brückenkopfes West-Berlin› die siegreichen Ideen des Sozialismus in einem groß angelegten Werk der Baukunst entgegenzustellen.» Berlins Stadtkrone hätte der Hauptstadt der DDR

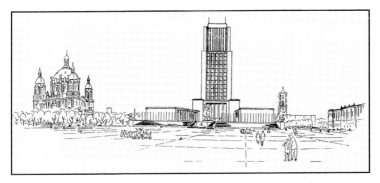

*Blick auf das Marx-Engels-Haus mit monumentaler Plastik davor –
und originalgetreu restauriertem Dom daneben (Entwurf Gerhard Kosel 1958)*

gehört, doch kam auch dieser Entwurf so nicht zur Ausführung. Fazit fürs erste: Die Planungen für das Turmhochhaus schossen ins Kraut, nicht aber in die Höhe.

Zuletzt gehörte das Zentrale Gebäude zu den Vorgaben für den «Ideenwettbewerb zur sozialistischen Umgestaltung des Stadtzentrums der Hauptstadt der DDR». 1958 wurde er ausgelobt.

Hatte sich das Volksempfinden gewandelt? Oder strebte die Staatsarchitektur dem inzwischen gewandelten sowjetischen Leitbild folgend nicht mehr in die Höhe, sondern in die Breite? Brachen sich in den Architektenkreisen neue Ideen Bahn? Oder gingen sie ihnen aus? Den interessantesten Wettbewerbsbeiträgen und Entwürfen jedenfalls fehlte plötzlich das Turmgebäude! Das Marx-Engels-Denkmal: ja. Ehrentribüne: ja. Gebäude für Parlament und Partei: ja. Doch statt des zentralen Hochhauses dominierte auf den Modellen mal ein Obelisk, mal eine Stahlnadel, mal ein Fernsehturm die Höhe. Höchste Spannung also: Wie würde das Stadtzentrum Berlins einmal aussehen? Wofür würde der Magistrat sich entscheiden?

Es folgte die nächste Überraschung. Als die Stadtverordnetenversammlung dem «Beschluß zur sozialistischen Umgestaltung des Zentrums der Hauptstadt der DDR, Berlin» am 20. April 1961 zustimmte, kam das zentrale Ensemble am Marx-Engels-Platz darin gar nicht vor. Diese Antiklimax der Geschichte, worauf war sie zurückzuführen? Auf fehlende finanzielle Mittel? Auf die gestalterische Unsicherheit, die aus der stalinfreien Sowjetunion herüberwehte? Auf Ratlosigkeit wegen des Zentralen Gebäudes? Für dessen Turmhaus legten sich immerhin nach wie vor Architekten mit Gewicht in die Waagschale, Hopp, Mertens und – besonders bedeutungsschwer – Liebknecht noch im Oktober 1960: «Unklarheiten über die Rolle unseres Arbeiter- und Bauernstaates und über die

Der letzte Versuch: Eine moderne Kathedrale des Sozialismus im Zentrum der Hauptstadt (Entwurf Kurt Liebknecht), Aufnahme des Modells Januar 1963

Abschied vom Hochhaus: Die Höhe dominiert der Fernsehturm, das zentrale Gebäude erscheint als gewaltiger Kasten auf dem heutigen Marx-Engels-Forum, Modellaufnahme Dezember 1965

Notwendigkeit seiner Repräsentation in Gestalt einer Höhendominante für das zentrale Gebäude als dem Sitz der Volkskammer und des Ministerrates und als dem architektonisch-städtebaulichen Höhepunkt der Hauptstadt Berlin am Marx-Engels-Platz führten zu falschen Konzeptionen [nämlich flachen, technischen Bauten, d.

Vf.]. Sie sind [...] nicht als architektonisch-städtebaulicher Höhepunkt Berlins geeignet.» Sein, Liebknechts, Entwurf jedenfalls beharrte auf dem Standpunkt des Turmhochhauses, wenn es auch in seinen Formen nichts mehr von Schinkel oder Gontard hatte, sondern ganz modern, ganz formalistisch, ganz «amerikanisch» den himmelschreienden Kathedralen des Kapitalismus ähnelte. Im Jahre 1964 war auch die Idee des Turmhauses passé.

In jenem Jahr war das Zentrum Berlins am Marx-Engels-Platz von den Baugerüsten des Staatsratsgebäudes und des Außenministeriums umstellt. Etwa ein Jahrzehnt später rüstete man für den Palast der Republik. Damit hatte der zentrale Platz seine Ausgestaltung gefunden. Ans andere Ufer der Spree ließ der Bildhauer Ludwig Engelhardt 1986 Karl Marx und Friedrich Engels in Bronze hocken, weit müder und zurückgezogener als einst von Kosel und Genossen gedacht. Und die Skyline im Morgenrot zeichneten die 39 Stockwerke des Hotels «Stadt Berlin» und der 365 Meter hohe Fernsehturm. Mithin war die Lufthoheit gegenüber dem Okzident gewonnen. Der Westen wollte gleichwohl nicht klein beigeben. Kapitalistische Systemvergleicher verlangten daher nach einem noch höheren Fernsehturm am Rande West-Berlins. Die Albernheit unterblieb immerhin.

Für den Osten Berlins resümierte Bruno Flierl, der Architekturhistoriker, dem dieses Kapitel viele Erkenntnisse verdankt: «Die Geschichte der Projekte und der Realisierung der städtebaulich-architektonischen und bildkünstlerischen Gestaltung rund um den Marx-Engels-Platz ist nicht nur voller Widersprüche, sondern offenbart letzten Endes das Scheitern der DDR an sich selbst, an der großen historischen Aufgabe, der sie sich verschrieben hatte, den Sozialismus auf deutschem Boden real existent zu machen, d.h. stabil zu gründen und dynamisch zu entwickeln.» Und wie damit angemessen verfahren? Beider deutscher Staaten Historie aneignen, meint Flierl, und zwar «nicht kurzsichtig als bloße Beseitigung und Ersetzung der gegenständlichen Spuren und Zeichen der DDR-Geschichte, sondern weitsichtig als Weiterbau der Geschichte von Berlin insgesamt – einschließlich der DDR-Geschichte – prospektiv, nicht retrospektiv.»

Hätte das Turmgebäude den Systemwechsel 1990 unbehelligt überstanden? Eine hypothetische Frage. Es wäre vermutlich schon vorher eingestürzt. Der Baugrund war für ein solch schweres Gebäude gar nicht geeignet.

Konventionell mit i-Tüpfelchen: Werner March präsentiert Superintendent
Gerhard Jacobi sein Wiederaufbaumodell, 11. März 1954

Wer hätte es noch gedacht? Die Glocke läutete. Und wie! Doch statt die Schäflein an den Tisch des HERRN zu holen, löste sie entgegengesetzte Bewegung aus. In alle Winde sprengten die Menschen, als drohe Babels Turm zu bersten. Nur wenig später rollten Lastwagen heran, Uniformierte sprangen herab, Trillerpfeifen mittendrin, Razzia. Da waren die meisten Schieber schon weg; einer von ihnen hatte, seine Kollegen zu warnen, die letzte nicht eingeschmolzene Glocke zum Schwingen gebracht: Restgebrauchswert einer Kirchenruine zu Zeiten des Schwarzmarkts, als es für Reichsmark so gut wie nichts mehr, für Zigarettenmark fast alles gab. Als das löchrige Gotteshaus jedem von allen Seiten aus offen stand. Als ein Rundfunkreporter (Sammy Drechsel hieß er) vom porösen Turm herab auf Sendung ging. Als Buntmetallsucher im Schutt nach Gold und Silber schürften. Als die wertvollen Bronzetüren des Hauptportals ihren unerklärlichen Weg in die Wilmersdorfer Klinik eines Herrn Kommerzienrat Loewenstein nahmen.

Eine Kirche schien zum Ausschlachten freigegeben, noch bevor die letzte Glocke sicherheitshalber den Turmstumpf verließ. Und lange bevor sich Gläubige unter Gottes freiem Himmel wieder zum Gebet scharten, mit Regenschirm zwar und Mauerresten als Kirchengestühl, doch sonst fast wie zu Kaisers Zeiten.

Seinem Großvater, dem ersten Kaiser des neuen Deutschen Reiches, zum Gedenken eine Kirche zu bauen und zu widmen, stand dem letzten deutschen Kaiser als summus episcopus der evangelischen Kirche Preußens durchaus zu: eine Kaiser-Wilhelm-Gedächtniskirche. Auch Kaiser Friedrich bekam seine Gedächtniskirche, auch Kaiserin Augusta, auch Königin Luise. Dem Bauherrn selbst, Wilhelm II., sollte keine mehr gebaut werden, seiner Gattin nicht und seinen Nachfolgern erst recht nicht. Die Kirche für Wilhelm I. den Großen jedoch wurde einzigartig, glänzendste Entfaltung wilhelminischer Grandezza ganz im Stil später Romanik, ein musivisches Fest, an dem noch dreizehn Jahre nach der Kirchweihe die Mosaiksetzer puzzelten, eine Orgelgewalt, die über 5100 Pfeifen und 31 Register gebot, und fünf Türme, der höchste maß 117 Meter, 54 mehr als der heutige Stumpf. Kein evangelischer Kirchbau war jemals teurer als dieser, über sechs Millionen Goldmark.

Kirchbau? Nein, dieser Tempel bezweckte mehr zu sein als eine Dienststelle Gottes. Als er am Sedanstag 1895 geweiht wurde, existierte nicht einmal eine Gemeinde. Es ging um mehr. Um das «Gedächtnis unseres großen Heldenkaisers» war es den Spendern zu tun. Ein «Werk der Belehrung» nannte es Franz Schwechten, der Architekt: Die Tausendfünfhundert, die jeweils darin beteten und sangen, sollten etwas mitnehmen vom Gottesgnadentum ihres Herrschers, von der Universalmonarchie deutscher Zunge, vom neoromanisch eingefälschten Glanz des alten Heiligen Römischen Reiches Deutscher Nation, dessen selbsternanntem Nachfolger die Gottesdienstbesucher mit Glück und Stolz in der Kaiserloge ansichtig werden konnten. Seine Vorgänger können wir noch heute in der Vorhalle bestaunen. Da prozessieren sie nämlich, die Hohenzollern, byzantinisch zusammengesetzt aus Tausenden bunter Steinchen, zum Ruhm des germanischen Imperators und leiten seine potestas weit aus der Geschichte her. Über allem aber prangt das Eiserne Kreuz, und zwischendrin zerteilen Risse das Mosaik, den Blitzen nächtlichen Granatfeuers gleich. Nein, dieses Bauwerk ist mehr als ein Gotteshaus. Es ist Mahnmal gegen gotteswidriges Verhalten.

Und heute ist es Wahrzeichen, Touristenattraktion, Fotomotiv. In den Jahren nach ihrer Zerstörung war die Kirche davon weit entfernt. Was der Bombenangriff in der Nacht zum 23. November 1943 von dem Bauwerk übrig gelassen hatte, und das war an Masse beträchtlich mehr als heute noch zu besichtigen ist, stand nach dem Krieg zur Disposition. Wie schon einmal, 1928, ging es um dessen Abriß. Seinerzeit hatte Verkehrsstadtrat Ernst Reuter zu dem Verkehrshindernis vorsichtig geäußert: «Die Kirche steht da, und sie zu beseitigen, wird nicht

Bundespräsident Theodor Heuss und Berlins Regierender Bürgermeister
Otto Suhr mit dunklem und hellem Hut lassen sich von Bausenator
Rolf Schwedler das neue Zooviertel erklären, 26. Mai 1956

ganz einfach sein.» Nun, 25 Jahre später, stand sie nicht mehr da, statt ihrer eine Ruine, imposant auch diese, aber bald wieder eine Verkehrsbarriere. Das war so sicher wie das Wirtschaftswunder. Und wieder war es nicht ganz einfach, sie zu beseitigen.

Die Kirchenleitung war für den originalgetreuen Wiederaufbau; amerikanische Spender stünden bereit, wurde behauptet. Rekonstruktion geht nicht, widersprach Otto Bartning aus Architektensicht und argumentierte, «daß niemals ein Baumeister der gotischen Zeit es vermocht hätte, eine vom Feuer zerstörte Kirche nach romanischer Art wieder aufzubauen.» Hinnerk Scheper, Berlins vom Bauhaus herkommender Landeskonservator, sprang seinem Kollegen bei: Die Kirche «unter Denkmalsschutz zu stellen, habe ich ausdrücklich abgelehnt, um nicht die Voraussetzung für eine Restauration zu geben. Ich habe mich auch nicht bereit gefunden, irgendeine Hilfestellung zur Beschaffung von Mitteln für den Wiederaufbau zu geben.» Zwei Stimmen für viele, die die Kaiser-Wilhelm-Gedächtniskirche von Anfang an als Sündenfall historisierender Baukastenarchitektur, als Karikatur ehrwürdiger romanischer Dome verabscheuten.

Etwas Modernes mußte her und, wäre es nach der Bauverwaltung gegangen, am besten dorthin, wo die Kirche den Verkehr nicht störte, zum Beispiel an die Schaperstraße, wo dann die Freie Volksbühne ihr Haus erhielt. Der ruinierte, monarchische Schandfleck hatte am Zoo keinen Platz mehr. Diese Schnittstelle zwischen Kurfürstendamm, Hardenberg-, Budapester und Tauentzienstraße, sie erinnerte mit ihrem Namen ja auch nicht mehr an die letzte Kaiserin, sondern an den in Buchenwald umgekommenen Rudolf Breitscheid, einen Sozialdemokraten.

Die Kirchenleitung hielt am erbbaurechtlich angestammten Standort fest, versprach 1950 einen Architektenwettbewerb – und überraschte die Öffentlichkeit 1954 mit einem Entwurf von Werner March. Der Professor für Städtebau an der Technischen Universität Berlin, der einst mit seinem Reichssportfeld 1936 die Goldmedaille in der Disziplin «Städtebauliche Entwürfe» errungen hatte, machte auch in Kirchenbau. Nun also die Gedächtniskirche, die «Westberlin in seinem kulturellen Daseinskampf mehr denn je» brauchte. «Die Wundmale des Krieges und der Verwitterung haben seine Gestalt in eigenartiger Weise höchst eindrucksvoll und malerisch verwandelt, so daß es gewissermaßen zu einem Symbol des Schicksalskampfes unseres Berlins geworden ist. Ein totaler Abbruch der Kirche und an ihrer Stelle ein moderner Neubau könnte diese besonderen Gefühlswerte nicht ersetzen.» Da bestand gewiß Übereinstimmung in der Frontstadt. Doch dann der Entwurf selbst: das Westwerk mit dem angenagten Hauptturm und den Ecktürmen erhalten und eine schlichte Halle als Kirchenschiff hin zum weitgehend erhaltenen Ostchor einziehen. In der Tat, wäre Marchs Entwurf umgesetzt worden, die

Scheune mit Campanile: Ein erster Entwurf Egon Eiermanns, April 1957

33

Kaiser-Wilhelm-Gedächtniskirche hätte viel von ihrem Äußeren bewahrt. Sie wäre, wenn auch in vereinfachten Formen, erkennbar geblieben. Aber der Architekturwelt war dies nur eine Halbheit.

Im Jahre 1956 kam es dann doch zu einem Wettbewerb unter neun ausgewählten Architekten. Ihre Vorgabe: Der Turm sollte künftig östlich (nicht mehr westlich) des Kirchenschiffs stehen, damit die Kirche kreuzungs- und verkehrsfrei an einen Vorplatz zum Kurfürstendamm hin angebunden werden konnte. Die heutige Gestalt war also vorgezeichnet; doch was an Vorschlägen in einer zweiten Wettbewerbsstufe erst auf den Tisch der Jury und dann der Journalisten kam, rief das Entsetzen des Publikums hervor: Der alte Turm war weg! Stattdessen, so der Siegerentwurf, ein Kampanile aus Glas und Beton. Ein Sturm der Entrüstung erhob sich im März 1957: Schlagzeilen («Betonklotz», «Gartenzwerg Berlins»), Pressekampagnen («Rettet den Turm»), Leserabstimmungen (90,7 Prozent für den alten Turm), ein Spruchband an der Ruine («Noli me tangere»), Meinungsumfragen (52 Prozent für kompletten Wiederaufbau der Kirche), Bombendrohungen gegen den armen Pfarrer gar.

Von dieser Hitzigkeit überrascht, drang das Kuratorium der Kirche in den Wettbewerbssieger Egon Eiermann, er möge der Turmruine in seinem Entwurf nachträglich Platz einräumen. So kam das Ensemble heraus, wie es heute im Zentrum des Berliner Westens steht, unfreundlich aufgenommen anfangs auch dieses. Es war eben nicht mehr die alte Kirche. Doch tröstete Eiermann vor der Einweihung am 17. Dezember 1961: «Meine neue Kirche könnte in jeder Stadt stehen, aber mit der Turmruine verbunden ist sie ein einmaliges, nur in Berlin mögliches Bauwerk.»

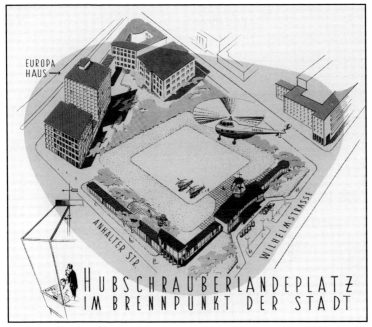

Hubschrauber über dem ehemaligen Gestapo-Quartier, Europahaus, Völkerkunde-und Kunstgewerbemuseum wiederhergestellt: Projektionen aus dem Jahre 1956

«Ein Hubschrauberlandeplatz ist auf dem Gelände des früheren Prinz-Albrecht-Parks vorgesehen.» So steht es zu lesen in einer kleinen Broschüre des Bezirksamtes Kreuzberg von Berlin aus dem Jahre 1956. Ihr Titel: «Wir bauen das neue Berlin.»

Ein Flugplatz für Hubschrauber – warum eigentlich nicht? Ein Empfangsgebäude mit kleinem Tower und Parkplätzen an der Wilhelmstraße, längs der Anhalter Straße eine Ladenzeile im Stil und Maßstab der Zeit, die Landefläche ausgebreitet und eingezwängt zwischen Europahaus, Martin Gropius' Kunstgewerbemuseum und Niederkirchnerstraße – all das ist auf einer kleinen Zeichnung putzig anzusehen. Ein «Hubschrauberplatz im Brennpunkt der Stadt» steht darunter. Wie spannend!

Und es gab gute Gründe für ein solches Unternehmen. Kreuzberg Mitte der fünfziger Jahre: Das waren – neben dem hier und dort beginnenden sozialen Wohnungsbau – vor allem Trümmermassen. Das waren besonders im Umfeld des Anhalter Bahnhofs bizarre Ruinen. In der Hoffnung darauf, daß dieser Bahnhof, modernst ausgebaut, seine alte Bedeutung wiedererlangen wird, hatten in seiner Umgebung einige angestammte Hotelunternehmen ihre Bettenkapazitäten dem Vorkriegsstand wieder angenähert. Dann aber kam die endgültige Schließung des Bahnhofs am 18. Mai 1952 und – statt seiner grandios geplanten Rekonstruktion – im August 1960 die Sprengung. Das nur nebenbei.

Anfang und Mitte der fünfziger Jahre fragten die Hotelbetreiber jedoch im Bezirksamt immer wieder an: Wann das Wirtschaftswunder auch am Anhalter Bahnhofsvorplatz ankommen würde. Warum sie es nur auf eine Auslastung von gerade mal 26 Prozent brächten (1955), wo sie doch in ganz West-Berlin sechzig Prozent betrage. Ob sie ihre Betten nicht verbilligt Tagesgästen aus der Ostzone für fünf Mark anbieten dürften. Wann der Wiederaufbau endlich auch in der Umgebung ihrer Häuser beginnen werde.

Das Bezirksamt war bemüht. Doch kam es nicht voran. Zunächst scheiterte der Wiederaufbau des Europahauses – als Initialzündung für die Wiederbelebung der Gegend gedacht – am Widerstand aus Bonn: Erstens kein Nutzungsbedarf. Zweitens lehnte der Bundesfinanzminister als Zuständiger für die Sondervermögensverwaltung die Rekonstruktion ab, «da sich auf Grund des 1971 ablaufenden Erbbaurechtsvertrages die Investitionen von einigen Millionen DM in diese Ruine nicht mehr lohnen.» Heute residiert in der einst abrißwerten Ruine das Bundesministerium für wirtschaftliche Zusammenarbeit.

Dann kamen 1955/56 öffentlich Überlegungen in Gang, am Askanischen Platz einen Omnibusbahnhof zu bauen, um den Verkehrsverlust des verödeten Anhalter Bahnhofs auszugleichen. Diesmal lehnte der Senator für Verkehr und Betriebe ab. Seine Begründung: Man wolle erst einmal die Wiedervereinigung abwarten. Der neue Omnibusbahnhof wurde 1966 am Funkturm eröffnet.

In der Erwartung, die Gegend um den Anhalter Bahnhof werde wieder beatmet, begann 1955 ein US-Bürger Grundstücke am Askanischen Platz zu erwerben. Das Bezirksamt Kreuzberg berichtete daraufhin stolz: «Die Verhandlungen mit dem Interessenten, die zum Teil fernmündlich über den Atlantik geführt wurden, führten dazu, daß die Abteilung Wirtschaft gebeten wurde, einen Berliner Architekten mit der Erstellung von Plänen für die Schaffung einer modernen provisorischen Kaufhalle am Askanischen Platz zu beauftragen.»

Schon im September 1953 hatten sich Wirtschafts- und Verkehrsexperten Gedanken gemacht, wie der nach der Wiedervereinigung zu erwartende verstärkte Luftverkehr von und nach Berlin bewältigt werden könnte. Auch der Einsatz von Passagierhubschraubern, wie

Sergius Ruegenberg, Flughafen und Autobahn am Bahnhof Zoo, Modell 1948

ihn die Luftfahrtgesellschaft Sabrena mit Erfolg zwischen Brüssel und Köln betrieb, wurde erwogen und eine Expertenkommission gebildet, um dies für Berlin zu erörtern. Mitte Dezember 1953 machten sich die Architekten Sergius Ruegenberg und Günther Kühne im Auftrag des Senats an eine «Forschungsarbeit über Luftlandeplätze im Berliner Raum». Sie errechneten, daß für einen Inlandsflug die Reisezeit (Flugzeit, Dauer der An- und Abfahrt zum und vom Flughafen und der Abfertigung) eines Hubschraubers beträchtlich kürzer sein könne als die eines üblichen Flugzeugs – vorausgesetzt, die Heliports, also die Hubschrauberlandeplätze, lägen jeweils in Citynähe. Für Berlin schlugen die beiden Gutachter einen Landeplatz in der Nähe des Zoo am Landwehrkanal vor, um diese künstliche Wasserstraße als Flugschneise zu nutzen.

Ruegenberg, Schüler von Mies van der Rohe und seit 1948 Assistent von Hans Scharoun an der TU Berlin, hatte schon 1948 von sich reden gemacht. Für den Wettbewerb «Rund um den Zoo» entwarf er einen Flughafen für Hubschrauber und Kleinstflugzeuge in unmittelbarer Nähe zum Bahnhof Zoo. Die Gleise der Fern- und S-Bahn sollten über die An- und Abflugbahn hinüberführen, der Flughafen und der Bahnhof sollten darüberhinaus über eine Autobahn über den Gleisen (quasi in der 3. Etage) für den Kfz-Verkehr direkt erreichbar sein. Solche Vorschläge galten keineswegs als abstrus; sie wurden zwar nicht verwirklicht, aber immerhin als ernstzunehmende Idee in der renommierten Architekturzeitschrift «Bauwelt» publiziert. Ruegenberg erklärte später: «Beim Wettbewerb ‹Bahnhof Zoo› versuchte ich zu erklären, daß zu einer City ein spezieller kleiner Flughafen gehört (...), wo die Kaufleute die Chance haben, sofort in die City zu gelangen und auch wieder von dort abzufließen.»

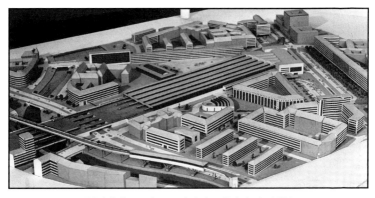

Modell des modernen Anhalter Bahnhofs, 1952

Ein Landeplatz für Helikopter in Kreuzberg lag sozusagen in der Luft. Doch wo blieben die Pläne, so es überhaupt solche ernsthaft gab? Wir finden (außer dem eingangs zitierten) keinen Hinweis auf einen Heliport, weder in dem offiziellen Programm der Kreuzberger Festlichen Tage, noch in den Sitzungen der Bezirksverordneten in Kreuzberg, noch denen der Berliner Abgeordneten im Rathaus Schöneberg, noch in den Jahresberichten des Bezirksamts Kreuzberg. Ob sich die Alliierten jemals damit befaßt haben? Oder war es nur ein Spleen des eigenwilligen, phantasiebegabten und amerikabegeisterten Kreuzberger Bürgermeisters Willy Kressmann, genannt «Texas-Willy»?

Was also hinderte die Hubschrauberpiloten daran, auf dem Prinz-Albrecht-Gelände zu landen? Political correctness etwa gegenüber Francois Matthieu de Vernezobre de Laurieux? Sensibilität im Umgang mit einem hier ansässigen Asylanten, der seine Heimat verlassen mußte, um seinen Glauben zu retten, verfolgt von einem intoleranten Regime? Respekt also vor einem Flüchtling, zumal einem Franzosen? Ach! Baron Vernezobre war schon 200 Jahre tot, sein Palais, eines der schönsten weit und breit, längst beseitigt.

Die Frage sei wiederholt: Was stand dem Flugplatz entgegen? Peter Joseph Lenné und seine Gartenanlagen, die Vernezobres Palais (das inzwischen dem Prinzen Albrecht von Preußen gehörte) in pittoreskes, oft gemaltes Grün tauchten? Konservatorische Pietät gegenüber Karl Friedrich Schinkel und die Nebengebäude, die er taktvoll um das Palais herum gruppierte? Und jetzt? Alles tot, zerbombt, gerodet, wegplaniert oder kurz davor. Wer 1956 «das neue Berlin» zu bauen sich anschickte, nachdem mehr als die Hälfte der Trümmermasse entsorgt war, hatte – besonders im roten Kreuzberg – mit aristokratischem Schutt und Kompost nicht viel im Sinn.

Nein, der Wirtschaftswunder Aufbau-Euphorie war nicht nach Rückschau. Mag sein, daß der Hang zu historischer Besinnung besonders den Zeiten eignet, in denen es nicht so recht vorwärts gehen möchte. Mitte der fünfziger Jahre jedenfalls war Leere genug vorhanden für einen Hubschrauberlandeplatz, im Gedächtnis wie auf der Freifläche an Niederkirchner- und Wilhelmstraße. Diese Wüste, 1952 noch amtlich als Grünanlage ausgewiesen, wurde scheinbar gebraucht und 1957 tatsächlich verplant. Erst für eine Schnellstraße, die Südtangente. Dann, als man deren (übrigens auch nie verwirklichte) Trasse südlicher verlegt hatte, sollte die Koch- zur Schöneberger Straße geradlinig durchgelegt werden, wie schon in den dreißiger Jahren geplant, jetzt aber vierspurig und mit Mittelstreifen. Bis es soweit war, ließ «Straps-Harry» die Gäste seines Autodroms führerscheinfrei über die angehäufelten und eingeebneten Schuttmassen auf dem alten Prinz-Albrecht-Park steuern.

Daß Bau- und Verkehrsverwaltung Anfang der achtziger Jahre von der Straßenbegradigung Abstand nahmen, dafür sei den Damen und Herren der Internationalen Bauausstellung Berlin (IBA) Dank. Insbesondere der Architekturhistoriker Dieter Hoffmann-Axthelm hatte die Bedeutung des Ortes in Erinnerung gebracht und der Regierende Bürgermeister (gottlob war es just zu jener Zeit ein Mann von der historischen Sensibilität eines Richard von Weizsäcker) ein offenes Ohr dafür. Wo Straps-Harrys Kunden kurvten, nämlich, saßen einst an den Schreibtischen der Gestapo, des Reichssicherheitshauptamtes, des Sicherheitsdienstes diejenigen Täter mit der weißen Weste, die die mörderische Unterdrückungsmechanik des Nationalsozialismus bedienten. Und nicht nur das: Hier, in den Kellern, wurde auch gefoltert und mancher Aufrechte im «Hausgefängnis» der Staatspolizei insgeheim weggesperrt. Die ganze Topographie dieses Terrors, deren Trümmer man 1953 bis '63 sukzessive abgetragen zu haben glaubte, kam archäologisch in den alten Kellern wieder zum Vorschein – und wird voraussichtlich 2005 in einem angemessenen Gebäude erklärt werden können. In der gebotenen Ruhe und ohne Hubschrauberlärm.

Denkmal am Thälmann-Platz, Modell von Ruthild Hahne/Heinrichs, 1950

«Thälmann starb und ist doch nicht gestorben, Thälmann lebt», heißt es 1950 in Max Zimmerings «Vermächtnis» und Kurt Bartel singt in seinem «Thälmann-Lied» von 1951: «Thälmann ist niemals gefallen, Deutschlands unsterblicher Sohn.» Ja, wie konnte man jemandem, der nach einheiliger Meinung, scheint es, seine letzte Ruhe noch gar nicht gefunden hatte, wie konnte man diesem ein Denkmal zu setzen versuchen? Anfang der fünfziger Jahre in der DDR? Anders gefragt: Was hat die Würdenträger dieses ersten sozialistischen Staates auf deutschem Boden veranlaßt, an einem Memorial für «den grossen Sohn des deutschen Volkes, den antifaschistischen Kämpfer und Führer der deutschen Arbeiterschaft, den Kämpfer für Frieden und Fortschritt und die nationale Unabhängigkeit», so der Beschluß des Sekretariats der SED vom 3. Dezember 1949, was hat die Pieck, Grotewohl und Ulbricht bewogen, anderthalb Jahrzehnte lang an einem Thälmann-Denkmal werkeln zu lassen? Zur Ehrung eines Hamburger Hafenhilfsarbeiters, Weltkriegsverwundeten, Unabhängigen Sozialdemokraten, eines Vorsitzenden der Kommunistischen Partei, eines treuen, gläubigen Anhängers Stalins? Als Wiedergutmachung – post mortem – für den Gefolgsmann Dschugaschwilis dafür, daß er als verlängerter Arm in Deutschland benutzt und hernach den Faschisten überlassen wurde – selbst dann noch, als es dem roten Diktator, Paktbruder Hitlers, ein Leichtes gewesen wäre, seinen Genossen dem braunen Diktator abzuhandeln und aus dem Gefängnis nach Moskau in Sicherheit zu bringen?

Stattdessen hatten die Herren im Kreml zugesehen, wie der unglückliche Kerl, Kommunist aus Konfession, nicht der Karriere wegen, über elf Jahre in Gefängnis und KZ in Einzelhaft litt, bis ihm seine Peiniger die Gnade der Ermordung zuteil werden ließen. Thälmann in einem 1938 aus dem Gerichtsgefängnis Hannover geschmuggelten Brief: «Sollte aber die Auffassung vorherrschend sein, daß es für die internationale Bewegung ratsam und notwendig ist, das große Opfer hier zu bringen, dann offen heraus mit der Sprache und ich werde geduldig und gelassen mein so schweres fast unerträgliches Los ertragen.» Loyalität bis zum bitteren Ende. Mit Bestimmtheit waren Pieck und Ulbricht in ihrem sicheren Moskauer Exil darüber im Bilde, weshalb Stalin Thälmann im Stich ließ. Mit Sicherheit wußten sie, als sie an der Macht waren, weshalb sie den ihnen bekannten Thälmann-Mörder nicht behelligten.

Noch einmal also: Weshalb das Denkmal für Thälmann, aus Bronze oder Granit oder Marmor, bis zu 25 Meter hoch? Eins ist gewiß: Es ging Thälmanns einstigen Parteifreunden darum, einen Altar für eine heraufstilisierte Kultfigur aufzurichten, eine Opferstätte für einen «Märtyrer der Nation und der Menschheit» (Alexander Abusch, 1944), Apotheose für einen, der «auf einem Golgathaweg tropfenweise sein Blut geopfert» habe. So zum Mindesten heißt es in den Wettbewerbsunterlagen für ein bildhauerisches Werk, das Walter Ulbricht «Nationaldenkmal» nannte.

Im Herzen der noch ungeteilten Nation wurde es angesiedelt, am Wilhelmplatz, der am 30. November 1949 äußerst feierlich unter Anwesenheit der Spitze des neuen Staates den Namen Thälmanns erhielt. Erst sollte es auf dem Thälmannplatz selbst stehen, später an seinem Rand, am Ort der Speerschen Neuen Reichskanzlei, deren Trümmer freilich bis 1956 noch nicht abgeräumt waren. Hier, dem heute vom Bundesarbeitsministerium genutzten Haus des Deutschen Volksrats, dem Vorparlament der DDR, gegenüber, hatte Thälmann überlebensgroß vom Sieg des Sozialismus zu künden. Hier, von wo aus man dereinst wieder ganz Deutschland regieren wollte, «friedlich, sozialistisch und demokratisch» diesmal, sollte Thälmann bereits das Revier markieren.

Wie es am Thälmannplatz einmal aussehen sollte, blieb bis zuletzt vage. Und dies machte es den 193 Bildhauern und Architekten, die sich am Denkmals-Wettbewerb beteiligten, nicht eben leicht. «Anzustreben ist eine raumgreifende, den Platz gestaltende Lösung, die der Größe des Themas gerecht wird.» Wie eine raumgreifende Lösung finden, wenn der Platzraum nicht definiert ist? Wie den Platz gestalten, wenn über die Gestalt seiner Kanten keine Vorstellungen existierten? Die verbreitete Voßstraße als West-Ost-Verbinder, hier ein Parkplatz, da eine Grünanlage, Regierungsbauten ringsum – aber wo genau und wie? Am 15. April 1950, 17 Uhr, war Abgabeschluß.

Auch eine junge, begabte Berliner Bildhauerin entschloß sich an der Konkurrenz teilzunehmen. 39 Jahre und die Lebenserfahrung einer Medusa: Wilmersdorfer Fabrikantentochter und gereifte Sozialistin. Orthopädische Gymnastiklehrerin für die von fremdbestimmter Arbeit Gekrümmten und proletarische Ausdruckstänzerin. Meisterschülerin des Bildhauers Wilhelm Gerstel an der Vereinigten Staatsschule für freie und angewandte Kunst in Berlin, Stipendiatin in der Villa Massimo in Rom und Widerstandskämpferin. Eines Antifaschisten Ehefrau und Witwe. Sie selbst verurteilt, inhaftiert, geflüchtet, von Osten her befreit. Ruthild Hahne ihr Name.

Ernst Thälmanns Denkmal wurde ihr zum Schicksal, als sie (gemeinsam mit dem Architekten Waldemar Heinrichs) einen der drei gleichberechtigten Preise errang. Die bemerkenswerteste Einsendung jedoch war der Entwurf des zweiten Preisträgers, Fritz Cremer aus Wien: Ernst Thälmann ruhig stehend zwischen zwei ihn überragende, übereck plazierte Reliefkuben. Der dritte Sieger, Richard Horn, stellte sich eine Führergestalt vor, die einer auf einem Felsgrat vorwärtsstrebenden Menschenschar voranschreitend den Weg weist. Das Wesen Thälmanns erkannte die Jury (Ministerpräsident Otto Grotewohl, Aufbauminister Lothar Bolz, Architekt Hermann Henselmann, der Maler Otto Nagel, der Schriftsteller Willi Bredel, der Bildhauer Gustav Seitz und andere) am ehesten in einem Standbild von René Graetz. Aber, befand die Jury, keiner der Wettbewerbsbeiträge entsprach «den Anforderungen, wie sie in ideologischer und künstlerischer Hinsicht an ein Thälmann-Denkmal gestellt werden müssen.»

Verlegenheit machte sich breit. Eigentlich sollte am 18. August 1950, Thälmanns sechstem Todestag, der Grundstein zu seinem Denkmal gelegt werden. Was also tun? Im Anschluß an eine Besprechung unter Walter Ulbrichts Leitung am 7. August erhielten Ruthild Hahne und René Graetz den Auftrag, gemeinsam einen Entwurf auszuarbeiten und ihn mit dem Architekten Kurt Liebknecht städtebaulich abzustimmen. Damit begann für Ruthild Hahne eine Geschichte von Erfolg und Enttäuschung, des Lobens und Lästerns, von Achtung und – schließlich – Ächtung.

Bis 15. Oktober 1950 sollte der Entwurf fertig sein; von Hahnes ursprünglichen Vorstellungen, die ihr den Preis eingebracht hatten, blieb darin nichts mehr. Sie stellte Thälmann an die Spitze zweier Arbeiterzüge, die vereinend er anführt. Fäuste werden geballt, Fahnen geschwungen. Am 30. Oktober schauen sich Wilhelm Pieck und Otto Grotewohl die Arbeit an und kommentieren knapp: «Der neue Entwurf entspricht nicht dem Auftrag.»

Ein halbes Dutzend Kollegen sollen Hahne und Graetz nun unter die Arme greifen. Doch wer auch eingeladen wird, winkt ab. Keine Zeit oder, Richard Horn sagt es unumwunden, keine Ambition, an einem fremden Entwurf mit Hand anzulegen.

Bis Winter 1951 fertigen Hahne und Graetz einen Grundentwurf: Auf eine etwa 60 Meter durchmessende runde Plattform stellen sie einen keilförmigen Sockel, auf dem im Relief 65 etwa sechs Meter hohe Figuren einem Führer mit erhobener Faust, Thälmann eben, folgen. Auf der Rückseite des Denkmals wird in Reliefs oder in einem Museumsanbau Thälmanns Heldenleben nachgestellt. Das Politbüro, des Entwurfs ansichtig, lehnt ihn ab. Trotzdem: Weitermachen!

Einer macht nicht weiter, vergrätzt, Hahnes Partner. An seine Stelle tritt Hans Kies. Von 1954 bis 1956 arbeitet auch Paul Gruson mit. Und immer wieder einmal kommt einer der Auftraggeber vorbei (Hahnes Atelier im Pankower Bürgerpark ist nur wenige Minuten vom Regierungswohnviertel entfernt), läßt sich über den aktuellen Stand des Standbildes unterrichten, klopft Hahne auf die Schulter und verspricht großzügige Unterstützung (die auch gewährt wird).

Zu Besuch kommt Anfang November 1953 auch Nikolaj W. Tomskij, das Bildhaueridol aus der Sowjetunion, um sein fachmännisches Auge auf den ausgestellten Entwurf zu werfen. Er kommt zu der Ansicht, daß, sehr kollegial formuliert, «die künstlerische Qualifikation der Genossen Hahne und Kies für dieses riesige Projekt nicht ausreicht.» Wie weiter?

Das Projekt steckt endgültig in einer Krise. Aus der Hauptabteilung Bildende Kunst des Ministeriums für Kultur kommt der Vorschlag, um die Kuh endlich vom Eis zu bringen, Thälmann freistehend auf einen hohen Sockel zu hieven. Fritz Cremer gibt inzwischen zu bedenken: Achtung! Sektorengrenze in der Nähe. Thälmann könnte geopolitisch ins Abseits geraten.

Wieder werden Kollegen für Ruthild Hahne gesucht. Gefunden wird für eine dauernde Mitarbeit keiner. Die damals konzipierte Nationale Mahn- und Gedenkstätte Buchenwald ist als Auftrag interessanter. Und wer wollte mit einer Frau zusammenarbeiten, im Kreise der Kollegen weitgehend isoliert, privilegiert, ehrgeizig und mit besten Kontakten nach oben? Dort, im Politbüro, wird der Künstlerin am 20. März 1956 signalisiert: Weitermachen.

Gleichzeitig soll der Architekt Hermann Henselmann einen Kulissenbau in Originalgröße des Denkmals für den Thälmannplatz anfertigen. Am vorgesehenen Standort erstreckt sich inzwischen eine Parkanlage. Zur Aufstellung der Kulisse kommt es nicht.

1958 erhält Hahne Gelegenheit, eine Seitenwand ihres Werkes als zweieinhalb Meter hohes Gipsmodell auf der IV. Deutschen Kunstausstellung zu präsentieren. Noch einmal nimmt die Öffentlichkeit Kenntnis, dann endgültig Abschied von dem Vorhaben. Als Hahne im Herbst 1961 vorschlägt, auf der Rückseite des Denkmals statt eines Thälmann-Museums den Grenzsoldaten an der Berliner Mauer einen Aufenthaltsraum einzurichten, ist schon alles zu spät. Problematisch der Ort: Thälmann, wenige Meter neben der Staatsgrenze, als Mahnmal für den unbekannten Republikflüchtling? Problematisch die Darstellung: Thälmann heroisch überlebensgroß, acht Jahre nach Stalins Personenkult? Problematisch die Kosten: Nach den bis dahin schon ausgegebenen 2,2 Millionen DM noch schätzungsweise weitere 30 bis 40 Millionen? Problematisch die Künstlerin: Sie «hat sich hier eine Lebenspfründe geschaffen und keiner kontrolliert.» (Alfred Kurella, 1962)

Ruthild Hahne kämpfte auf verlorenem Posten. Die, die ihre Hand schützend über sie gehalten hatten, Pieck und Grotewohl, starben. Und auf einmal waren die Stimmen wieder da, die ihr «Überforderung» attestierten und, wie Klaus Weidner von der Abteilung Kultur des ZK der SED, fachmännisch meinten: «Darin, daß sie die geistige Welt der Menschen in ihrer Gruppe nicht erschlossen hat, zeigen sich die Grenzen der künstlerischen Potenz der Autorin.» Am 13. April 1965 der finale Beschluß des Politbüros: Nicht mehr weitermachen. Ende. Fünfzehn Jahre Arbeit für nichts!

Am 15. April 1986 wurde doch noch ein Thälmann-Denkmal enthüllt, nach Erich Honeckers persönlicher Intervention nicht von einer deutschen Künstlerin, sondern von Lew Kerbel in den Rahmen eines Parks und einer Wohnanlage gestellt, mit den Worten des Kunsthistorikers Günter Feist eine «maßlose Vergrößerung einer schlechten Ansteckplakette, ein Machwerk hohler Pathetik und geistloser Brutalität. Wer das heranholte, wer das bezahlte und wer das pries, sprach eigentlich schon 1986 das historische Urteil über sich selber. Die Demonstranten vom Oktober und November 1989 haben es nur wiederholt.» Hohl, brutal, pathetisch und geistlos, jawohl. Und dennoch überlegt Thomas Flierl zu Recht: «Wer bereit ist, sich der eigenen Geschichte zu stellen, der wird auf dieses Denkmal nicht verzichten wollen – damit es uns erinnere, wieviel wir uns haben gefallen lassen.»

Und Ruthild Hahne? Sie starb am 1. September 2001. Schon 1990 wurde ihr das Atelier gekündigt. Als man es ausräumte, ging Thälmanns Gipsmodell zu Bruch. Nicht einmal dies blieb übrig.

In kühnem Schwung vierspurig aus der Bundesallee in den Fasanentunnel.
Daneben (am oberen Bildrand) der geplante Standort der Philharmonie
(später Freie Volksbühne), Modellfoto Juni 1960

Es bleibt! Kürzer läßt sich ein konservativer Gedanke kaum fassen. Da verharrt etwas, bewahrt Form und Position, bewegt und verändert sich nicht. Und dennoch: Wie viel Aufbruch kann dieses Verharren bedeuten, fixiert man den resistenten Fels inmitten der Zeitströmung, der er sich widersetzt! Ein Paradox? Keineswegs. An Bestehendem festhalten, diese Haltung kann da progressiv sein, wo sie einem durch irregeleitete Modernität ausgelösten Plan entgegentritt.

In Wilmersdorf, da wo die lärmende City Ruhe gibt, am Fasanenplatz nämlich (exakt in der Fasanenstraße 39), erhebt sich äußerlich dunkel und schroff ein Haus der vorletzten Jahrhundertwende. Es ist, betrachtet man den steilen Giebel, die Wappen im Erker, vor allem aber die massiven Erdgeschoßquader (an denen die Granaten des letzten Krieges noch heute sichtbar abprallten), dem Palas einer Trutzfeste ähnlicher denn einem bourgeoisen Wohnhaus der gehobensten Klasse, als das es gebaut wurde. Hier, im vornehmen Neuen Westen, kaufte der Jurist Dr. Richard Cleve Ende 1901 eine kaum zehn Jahre alte Villa und setzte an ihre Stelle binnen zweier Jahre das heutige Haus. Dessen Entwurf stammt von Hans Grisebach, der nach den Worten seines Freundes Max Liebermann das Zeug zu Berlins berühmtestem Architekten hatte, aber alles tat, « um es nicht zu werden.» Als «Modearchitekt» ist er unter Kunsthistorikern verschrien.

Grisebachs Auftraggeber Richard Cleve war Kunstsammler, und was er Hand in Hand mit dem Stararchitekten in der Gravelottestraße (so hieß die Fasanenstraße hier) verwirklichte, ist ein Kunstkabinett privatester Art, nach wie vor im Besitz der Familie Cleve. Geräumige Wohnungen finden wir hier wohl, vor allem aber Kunst und Kunstgewerbe, wohin wir blicken: einen Amsterdamer Kachelofen, Kamine Delfter Provenienz, friderizianische Türen aus Potsdam, das Portal aus dem wilhelminischen Vorgängerbau, St. Elisabeth bleiverglast aus wer weiß was für einer Kirche, graugelbe Fußbodenquader aus dem alten Stettiner Bahnhof, prunkvolle Treppen und reich geschnitzte Geländer in den Maisonetten. Äußerlich geben aber die schmückenden Fassadenelemente an Giebel und Erker, die Cleve aus Bremer Abbruchhäusern herüberrettete, dem Haus sein fremdartiges Gepränge. «Die vier [... am Erker] befindlichen Wappen dürften die vier Familienwappen eines ehemaligen Bürgermeisters von Bremen, Koehne, mit denen seiner drei Frauen darstellen,» behauptet ein alter Kunstführer und beugt Mißverständnissen vor: «Dieselben sind nacheinander gestorben.»

Wie dem auch gewesen sein möge: Weserrenaissance an der Spree, ein Kunstgewerbemuseum, in dem Leben herrscht – welche Widersprüche! Die Antwort der Stadtplanung in den sechziger Jahren lautete, kaum hatte der Eigentümer die Fassade instandsetzen lassen: Abriß. Die Verkehrsplaner hatten in dem Bereich, in dem das sogenannte «Bremer Giebelhaus» so unorthodox störte, Gewaltigeres vor: den Fasanentunnel.

Dieser Name mag uns Heutigen anmuten wie eine Straßenunterführung für eine bedrohte Vogelart (phasianus colchicus). Ein innerstädtischer Fluchttunnel für gefiederte Gaumenfreuden? Gemach! Kulinarisches Verlangen und aktives Umweltengagement waren in den Sechzigern noch nicht so eng beisammen.

Was den Anwohnern (homo sapiens) der ruhigen Fasanenstraße und andernorts tatsächlich dräute, erhellt ein Schreiben des Senators für Bau- und Wohnungswesen, zu dem ihn das Bundesbaugesetz verpflichtete. Die Allianz nämlich, Cleves mittelbare Grundstücksnachbarin, hatte im Herbst 1965 Bedenken gegen besagten Fasanentunnel vorgebracht. Völlig verfehlt, bedeutete ihr der Senat: «Die

Fasanenstraße ist Teil eines durchgehenden Hauptverkehrsstraßenzuges, der über die Bundesallee, die Fasanenstraße, die Bachstraße, die Lessingstraße, die Stromstraße und die Putlitzstraße eine wichtige Nord-Süd-Verbindung herstellt und dem insbesondere durch die Verkehrsverbindung des Zoogebietes eine übergeordnete Bedeutung zukommt. Es ist geplant, diesen Straßenzug als Schnellstraße mit kreuzungsfreien Anschlüssen an die querenden Hauptverkehrsstraßen auszubauen. Hierfür wird das Grundstück beansprucht, die Bedenken müssen zurückgewiesen werden.»

Heutiger Straßenverlauf

«Kreuzungsfreie Anschlüsse» – das hieß: aufwendiger Tunnelbau. Das hieß nach einer kühnen Planung Anfang der fünfziger Jahre: in hochbogigem Schwenk aus der Bundesallee vierspurig in die kleine Meierottostraße, am Fasanenplatz in einen Tunnel unter die Fasanenstraße und erst nördlich der Hardenbergstraße in die Fasanenstraße zurück, ehe die Straße des 17. Juni und der Landwehrkanal mit einer langen Brücke überquert werden können. «Kreuzungsfreie Anschlüsse» hieß aber auch: Zu- und Abfahrtsrampen für den Abbiege- und Anliegerverkehr an den großen Querstraßen. Dort also eine breitere Fasanenstraße, und die Tunnelbaustellen brauchten ebenso Platz. Fort also mit dem überholten Zierrat und Stuck, fort mit der im Wege stehenden Architektur alter Tage. Keine Chance mehr für Cleves altmodisches Haus?

Es blieb.

«Schatzkästlein der Fasanenstraße wird nicht abgerissen» titelte die «Welt am Sonntag», dem 25. Februar 1968. Kamine, Treppenhaus und hansische Wappen konnten nach Auskunft des Bezirksamts Wilmersdorf bleiben. Die Planung hatte sich leicht geändert und machte um das Haus einen eleganten Bogen. Das Schmuckstück war gerettet – aber die Wohnqualität?

Auch sie solle sich bessern, befand das Planungsteam Nahverkehr, 1972 vom Berliner Abgeordnetenhaus zur Erörterung des bis dahin geplanten Verkehrsnetzes eingesetzt. Man lasse den 1400 Meter langen Tunnel bereits an der Bundesallee beginnen. Dann bliebe es oberirdisch länger ruhig – um 200 Meter, verglichen mit dem gültigen Plan. Kostenanschlag: maximal 200, mindestens aber 100 Millionen DM. So kalkuliert anno 1973.

Fünf Jahre später kündigte das Stadtplanungsamt Wilmersdorf unvermittelt an, den Fasanenplatz zu revitalisieren: weniger Verkehr, mehr Grün, rekonstruierte Eckbebauung, Sanierung einer Kindertagesstätte, deren Heimat, ein ansehnliches kleines altes gelbes Backsteinhäuschen, noch vor kurzem dem Abriß überantwortet war. Was war aus den Tunnelplänen geworden?

Sie waren einfach in der Versenkung verschwunden. Gestrichen, so Wilmersdorfs Baustadtrat im September 1979. Vorbei schien, unter dem Einfluß der Internationalen Bauausstellung, der Raubbau an Berlins architektonischer Substanz. Vorbei schien der Glaube an eine autogerechte Stadt. Vorbei waren längst die ausgabefreudigen Wirtschaftswunderzeiten, in denen das Tunnelprojekt seine Wehen erlebt hatte. Eine Fehlgeburt von Anfang an, so lautete nun die Diagnose. «Städtebaulicher Schwachsinn», weg damit!

Nicht ganz. Die unausgeführte Fehlplanung hat heute noch sichtbare Spuren hinterlassen: die überdimensionierte Straßenkreuzung an Bundesallee, Hohenzollerndamm und Spichernstraße als Flächenvorrat für Brückenrampe oder Tunneleinfahrt und unter der Kreuzung einen Stummel Autotunnel – vierzehn Meter. Weiter kam man nicht.

Die Fasanenstraße dagegen gewann an Attraktivität: mit Wintergarten und Literaturhaus, mit Grisebachvilla und Käthe-Kollwitz-Museum, mit exklusiven Geschäften und – rar in der ruhelosen Stadt – Flanieratmosphäre. Die Sunday Times verglich sie gar mit Bond Street, Fifth Avenue und Rue du Faubourg-St. Honoré, attestierte gehobenen Standard, aber auch: «Internationale Eleganz ist noch nicht angekommen.»

An Attraktivität gewann auch der Fasanenplatz, dessen Sanierung 1985 beendet war – Auftakt zur Restaurierung weiterer Schmuckplätze in einer lebenswerteren Stadt. Ach ja, die Internationale Bauausstellung endete 1987.

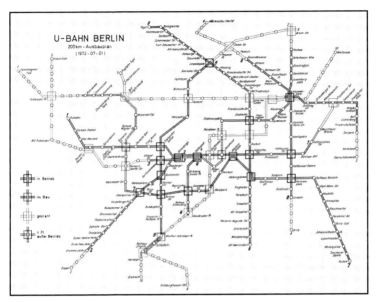

Weite Planungen: Das 200-Kilometer-Netz der Berliner U-Bahn, um 1970

Das Sichtbare einer Stadt, das an Fachwerk, Klinker und Beton Ablesbare, auf Stein, Pflaster und Asphalt Erfahrbare, ist das Eine. Das Andere ist das unter der Oberfläche Befindliche, was städtisches Leben im Fluß hält, Infrastruktur unterirdisch, dem Blick entzogen, weil störend, weil landläufiger Ästhetik zuwider: Versorgungsleitungen, Gasrohre, Kanalisationsschächte und – in Berlin gerade 101 Jahre alt – die Untergrundbahn.

Ende zwanzig war sie, als die Hyperinflation gerade vorbei, die Große Wirtschaftskrise noch nicht in Sicht war, die zwanziger Jahre gerade blattgolden schimmerten. In diesem Jahr 1929, als Berlins Hoch- und Untergrundbahnen ein Netz von 75 Kilometern durchfuhren, im April dieses Jahres setzte ein gebürtiger Friese namens Ernst Reuter, Stadtrat für Verkehr und Aufsichtsratsvorsitzender der eben erst gegründeten BVG, Berlins Stadtverordneten sein Nahverkehrskonzept auseinander. Reuter sah als zukünftigen Hauptverkehrsträger der BVG die U-Bahn; Bus und Straßenbahn sollten Zubringer werden. Dies setzte voraus, daß das U-Bahnnetz verdichtet, also verlängert wurde – und zwar auf rund 200 Kilometer. Kreuz und quer unter der Stadt hindurch sah Reuter die Züge sausen, von Weißensee nach Pichelsdorf, von Kreuzberg nach Siemensstadt, vom Alexanderplatz nach Steglitz. Die Stadtverordneten stimmten am 16. April 1929 mehrheitlich zu. Geld genug schien für das Geplante vorhanden – noch.

Der Schein erlosch am Schwarzen Freitag, Ende Oktober 1929. Und die folgenden Jahrzehnte kamen bekanntlich ganz anders als geplant. Banken, Handel und Industrie erlebten ihre bis dahin schwerste Krise, Reich, Länder und Kommunen sparten und hielten sich mit Investitionen zurück, Arbeitskräfte trafen sich zu Millionen als Erwerbslose vor den Stempelschaltern. Nazis kamen an die Macht, ließen dann Kanonen gießen, setzten sie ein, und am Ende räumten Witwen und Frauen Trümmer der gedachten «Welthauptstadt» zur Seite.

U-Bahnbau hieß nach 1945 zuerst einmal: Zerstörte Tunnel und Stationen wiederherrichten. Erst Anfang der fünfziger Jahre gingen die BVG (West) und die zuständigen Senatsdienststellen an neue U-Bahnplanungen – für Gesamtberlin. Die Grundlage dazu bildete der alte Plan von Ernst Reuter, aus dem Exil heimgekehrt und zum Oberbürgermeister avanciert. Zwei Jahre nach seinem Tod wurde 1955 wieder ein «200-Kilometer-Plan» abgesegnet. Dieser sah auch eine Linie vor, die ungeachtet der fortgeschrittenen Teilung die Stadt diagonal untertunneln sollte: vom Rathaus Weißensee die Berliner Allee und Greifswalder Straße hinab zum Alexanderplatz, unter der zertrümmerten Altstadt und der Spree hindurch zur Leipziger Straße, die Potsdamer, Haupt-, Rhein- und Schloßstraße hinauf zum Rathaus Steglitz und von dort unter dem Hindenburgdamm entlang zum Endbahnhof «Drakestraße». Durch drei Sektoren sollte die Fahrt gehen. Eine Utopie. Denn schon die Straßenbahnen verkehrten nicht mehr zwischen Ost und West.

Folglich fand die Feier des ersten Rammschlags für das 200-Kilometer-Netz am 26. Oktober 1953 woanders statt, an der Ecke Müller-/Ungarnstraße für die Strecke nach Tegel, exclusiv im französischen Sektor. Zügig ging der Ausbau im Westen Berlins vonstatten, die City wurde von Wedding bis Steglitz unterfahren, Mariendorf, die Gropiusstadt angebunden, und 25 Jahre später war bereits eine Streckenlänge von 114 Kilometern erreicht. Die Linie 10, jene von Weißensee nach Lichterfelde, war nicht darunter.

Am 31. Mai 1979 verkündete der Regierende Bürgermeister Dietrich Stobbe in einer Regierungserklärung, daß nunmehr der Bau der U-Bahnlinie 10 von Walther-Schreiber-Platz bis Kurfürstenstraße in Angriff genommen werde. Doch kaum kamen die Planer dazu, den Zeichenstift anzusetzen, kürzte ein Jahr später die Bonner Regierung das Geld für Berliner Verkehrsprojekte um 43 Millionen

DM pro Jahr. Das genügte gerade noch, um die U-Bahnstrecken nach Spandau und Wittenau weiterzubauen. Für einen Rammschlag in der Rheinstraße reichte es nicht mehr. Mit der Übernahme der S-Bahn gab der Berliner Senat im Januar 1984 den Weiterbau der kostspieligen U-Bahnstrecke parallel zur Wannseebahn auf.

Doch steckt in der Erde schon manches Tunnelstück, mancher im Rohbau fertige Bahnsteig. Denn die Tiefbauarbeiten, die die Strecke tangierten, nahmen auf die geplante Linie stets Rücksicht. Am Bahnhof Alexanderplatz (schon seit 1930) und am Potsdamer Platz sind beispielsweise jeweils zwei Richtungsbahnsteige mit kurzen Tunnelstücken fertig. Die Station Kleistpark der Linie 7 wurde gleich als Umsteigebahnhof gebaut. Als 1976 bis 1978 der Autobahntunnel unter dem Innsbrucker Platz gegraben wurde, baute man für die U-Bahnlinie 10 ein 200 Meter langes Tunnelstück ein. Seine Decke bildet die Sohle des Autobahntunnels. Über diesem befindet sich ein Einkaufsgeschoß als Zugangsbereich zu dem alten Bahnsteig der Schöneberger U-Bahn von 1910 (Linie 4) und zugleich zum Bahnsteig der kreuzenden Linie 10. Auch am Walther-Schreiber-Platz, von 1971 bis 1974 Endbahnhof der Linie 9, existiert der Bahnsteigrohbau für die Strecke von Weißensee nach Lichterfelde schon; er liegt unter der Rheinstraße.

Ein Teilstück der Linie 10 wird sogar planmäßig befahren, nämlich unter der Steglitzer Schloßstraße. Auf einem anderthalb Kilometer langen Streckenabschnitt sollten hier die Linien 9 und 10 parallel verlaufen. Als man die Teilstrecke 1969 bis 1974 baute, ordnete man die Tunnelröhren der beiden Linien untereinander an. Deutlich wird dies im U-Bahnhof Schloßstraße, der (wie der Bahnhof Rathaus Steglitz) als Kreuzungsbahnhof der Linien 9 und 10 konzipiert ist. Auf der oberen Ebene sollten die stadteinwärts fahrenden Züge beider Linien halten, auf der unteren die stadtauswärts fahrenden. Am selben Bahnsteig hätten die Fahrgäste jeweils umsteigen können. Beide Bahnsteige werden gegenwärtig eingleisig genutzt. Im Endbahnhof Rathaus Steglitz gar halten alle Züge auf dem Bahnsteig der Linie 10 unter dem Kreisel. Der Geister-Bahnsteig der Linie 9 befindet sich – unbemerkbar – unter der Albrechtstraße, von wo es einmal nach Lankwitz gehen sollte. Der Tunnel der Linie 10 – unter der Frondorfer Straße – wird wenigstens als Abstell- und Kehranlage der Linie 9 genutzt.

In den ungenutzten Tunnelstücken jedoch, da wachsen in aller Stille Stalaktiten, kalkhaltige Zeugen einer Verkehrsplanung auf Abwegen.

Flott über die Baumwipfel hinweg: Planung der Westtangente im Rahmen des Internationalen Architekten-Wettbewerbs «Hauptstadt Berlin», Juni 1958. Mitglieder der Jury (v.l.n.r.): Friedrich Spengelin, Gert Pempelfort, Fritz Eggeling

«Friedrich-Gerlach-Brücke 1972/1974» steht auf einem Brückengeländer am Sachsendamm in Schöneberg, da wo der Bezirk mit dem hübschen Namen besonders häßlich ist. Friedrich Gerlach, den Namen kennt man kaum mehr: Schönebergs Stadtbaurat in jener kurzen Zeit um die vorletzte Jahrhundertwende, da der spätere Berliner Bezirk sich noch stolz Stadt nennen durfte und Bebauungspläne brauchte, die Gerlach und seine Mitarbeiter zeichneten.

Unter den über zweitausend Brücken Berlins ist die Friedrich-Gerlach-Brücke gewiß eine der sonderbarsten. Denn sie überbrückt nichts, gar nichts. Was sie jedoch überqueren sollte und wofür ihre Zufahrtsrampen gebaut wurden, war ein ehrgeiziges, zu ehrgeiziges Projekt Berliner Verkehrsplanung, ein Autobahnteilstück namens Westtangente.

Als die Luftalarmsirenen 1945 ausgeheult hatten, luden die Trümmerfelder der Reichshauptstadt geradezu ein, endlich einmal Ordnung zu schaffen in dem Straßenwirrwarr Berlins. Waren erst einmal die Bomben- und Granattrichter eingeebnet und die für den Endsieg nicht mehr benötigten Straßensperren beseitigt, konnten die

Verkehrsplaner an einem neuen Straßennetz zu spinnen beginnen. Herkömmliche Strukturen wollten sie weitgehend unberücksichtigt lassen. Wo Albert Speer mit seinen machtvollen, überdimensionierten Straßenachsen im Krieg steckengeblieben war, konzipierten seine alten Mitarbeiter zusammen mit den neuen Stadtplanern weiter, im Maßstab kleiner, streckenweise aber kaum weniger gigantisch.

Erich Frank war einer dieser alten neuen Stadtplaner. Schon 1939 war er mit einem radikalen Vorschlag zur Sanierung der Berliner Altbauwohnviertel hervorgetreten (der zum ersten Sanierungsprogramm von 1963 weiterentwickelt wurde). Im Jahr 1953 legte er ein Stadtautobahnsystem für das ungeteilte Berlin vor: einen 45 Kilometer langen, geschlossenen Stadtring mit vier Tangenten, die von den vier Himmelsrichtungen aus an den Stadtkern heranführen sollten, also zum Bezirk Mitte. Das Ganze kreuzungs- und anbaufrei, mit drei Fahrspuren in jeder Richtung und für eine Geschwindigkeit von 80 Stundenkilometern. Das Ganze vor allem für den Wirtschafts-, aber auch für den Personenverkehr und weit in die Zukunft prognostiziert: Dereinst werde, so die Bauverwaltung, jeder zehnte der zukünftig 4,8 Millionen Berliner ein Auto besitzen. 1954 schon kalkulierten die Planer pro Kopf doppelt so viele Fahrzeuge, und auch dies war noch zu tief gestapelt. 530 Millionen DM veranschlagte man als Kosten. «Westberlin [sic!] mit seiner längeren Linienführung muß allein 350 Mill. DM dafür aufwenden», rechnete die Berliner Morgenpost 1955 vor. Allerdings versäumte West-Berlins «Senat von Berlin», wegen des Differenzbetrags den Ost-Berliner «Magistrat von Groß-Berlin» zu fragen; der hatte auch gar nicht die Absicht, sich daran zu beteiligen.

Der Generalstraßenplan von 1957: Was war das also weiter als ein in Karten und Skizzen gefaßter kommunaler Alleinvertretungsanspruch für Berlin «einschließlich der unmittelbar anschließenden Randgebiete für fünf Millionen Einwohner»? Realpolitisch war er ohne Belang. Denn vor dem Ostsektor machte seine Realisierung Halt. Doch auch das Abgeordnetenhaus im Rathaus Schöneberg hat den Plan nie formal beschlossen. Gleichwohl hielten sich bis Ende der siebziger Jahre alle Bausenatoren daran. Und Rolf Schwedler, so hieß der vielleicht bedeutendste unter ihnen, begann umgehend, den Plan in Beton zu gießen.

1961 bejubelte man in Steglitz den Baubeginn der Westtangente. Grund zur Freude? Längs der Wannseebahn klopften die Abrißbirnen zeilenweise an intakte Wohnhäuser der bestbürgerlichen Art und brachten 1966 den altehrwürdigen Bahnhof Steglitz zum Einsturz. Eine komplette Straße, die Schadenrute, schwand zu Gunsten

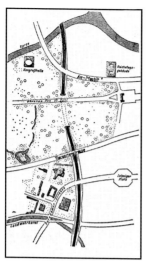

Westtangente halbwegs unter dem Tiergarten hindurch, Planungsstand 1962

des Generalstraßenplans vom Stadtplan. Durch behagliche Wohnviertel toste erst der Bau-, dann der Verkehrslärm, verscheuchte die Ruhe aus Steglitz' stillen Winkeln. Das Ziel, für das zunächst 124 Millionen Mark in die Westtangente flossen, die Schloßstraße vom Durchgangsverkehr zu entlasten – dieses Ziel erreichte man. Und wie! Verkehrszählung in der Schloßstraße am 16. Januar 1968: 27 000 Fahrzeuge. Verkehrszählung am 1. Oktober 1968, nach Eröffnung der Schnellstraße: 23 000 Fahrzeuge. 4000 weniger! 15 000 Fahrzeuge zählte man am selben Tag auf der Westtangente. Welch ein Erfolg!

Doch schon lagen die nächsten Tangententeilstücke in Sichtweite, an der Wannseebahn entlang nach Norden, über das Gleisdreieck, durch den Tiergarten, am Reichstagsgebäude und Lehrter Bahnhof vorbei in die Lehrter und Amrumer Straße zum Autobahnkreuz mit dem Stadtring Nord an der Seestraße. Und dann, na ja, irgendwie durch die Rehberge nach Hamburg.

Hie und da äußerten sich bereits früh verhalten Bedenken (noch war alles graue Theorie). Wie sie es mit der Straße im Tiergarten hielten, fragte die Berliner Morgenpost im Juni 1961 ihre Leser: etwa 15 000 Zuschriften, etwa 15 000 Ablehnungen. Seufzte der Journalist: «Vielleicht bekommen doch noch diejenigen Kreise Oberhand, die vorschlagen, den Bau einer Straße durch den Tiergarten bis zur Wiedervereinigung zurückzustellen.» Geschrieben am 2. Juli 1961. Bald darauf war eine Verbindungsstraße durch den Park unumgänglich, da mit der Friedrichstraße als Nord-Süd-Magistrale am Checkpoint Charlie Schluß war. Die Westtangentenplaner spitzten ihre Bleistifte neu.

Nur gab es keine Stadtmitte mehr westlich zu tangieren, nur noch stacheldrahtbewehrte Betonquader. Die Bezeichnung Westtangente hatte hier ihren Sinn verloren. Und: War das Straßenbauwerk nicht von Anfang an eher eine Sekante denn eine Tangente gewesen? In Steglitz, in Friedenau? Zerschnitt sie nicht mehr als sie berührte? Unangenehm tangiert in jeder Hinsicht waren die Anwohner, die ihre Schallschutzfenster kaum zu öffnen wagten. Erfahrungswerte lagen auch woanders vor, in Halensee und Witzleben, am Heidelberger und

Innsbrucker Platz — dort, wo man sich mit der Stadtautobahn arrangieren mußte. Motorisierung ja, großzügige breite Straßen ja, aber nicht vor der eigenen Haustür. Zugleich holten immer mehr Bürger ihre Fahrräder aus dem Keller. Bürgerinitiativen entdeckten ihre «Kieze» und begannen sie hingebungsvoll zu verteidigen.

Ein vom Abgeordnetenhaus eingesetztes «Planungsteam Nahverkehr» trat nunmehr auf den Plan und maß das Stadtautobahnnetz den neuen politischen und gesellschaftlichen Gegebenheiten an. Anfang 1976 schließlich erhielt die Öffentlichkeit Kunde von der neuen «Netzplankonzeption der Bundesautobahn in Berlin (West)». Kein vollständiger Stadtring, keine Tangenten im Osten, Norden und Süden mehr — wohl aber die Westtangente, und zwar im Range einer Bundesautobahn.

Nun kochte der Protest gegen das Monstrum. Umweltbewußtsein stand hoch im Kurs; eine (noch heute bestehende) Bürgerinitiative begann sich zu rühren, sekundiert von einer neuartigen Partei, die Ökologie zum Programm erhob, der Alternativen Liste. An Argumenten gebrach es ihnen nicht: Wird das Grundwasser im Tiergarten sinken? Sind Schallschutzwände nicht auch Sichtblenden? Wie klingt eine philharmonische Triangel, wenn Schwerlaster am Kemperplatz vorbeidonnern — trotz der kahlen Rückfront der Staatsbibliothek als Lärmschutz? Wohin mit dem Institut für Zuckerindustrie, wenn dessen Haus an der Amrumer Straße abgerissen wird? Und die Rekonvaleszenten im Rudolf-Virchow-Krankenhaus gegenüber: wie viel Lärm und Auspuff vertragen sie? «Westtangente» mutierte zum Reizwort.

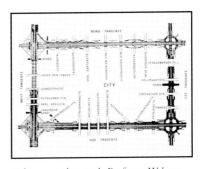

Fahrspurenplan nach Professor Wehner

Fragen über Fragen, und nur eine Antwort, so kategorisch wie imperativ: Berlin braucht die Westtangente. Doch der Protest (und ein 1977 durch die Bürgerinitiative angestrengtes Normenkontrollverfahren) zeigte Wirkung. «Stadtstraße» hieß das Bauwerk im Hause des Bausenators plötzlich nur noch, ein Architekt euphemisierte den Schnellweg gar als «städtische Boulevard-Straße». Ohne Schaufenster und Cafés erhielt es zum Flanieren ein Stücklein Trottoir, daneben sechs Fahrspuren vollgestopft mit Verkehr. Defensiv war auch die Stoßrichtung der Stadtplanung: die Straße tiefer legen, streckenweise abdecken, zwischen Kemperplatz und Invalidenstraße auf

1700 Metern als Tunnel führen. Rückzugsgefechte einer verunsicherten Bauverwaltung allerorten.

Das (wie sich später herausstellte:) vorläufige Ende aller Planungen kam 1980 aus Brüssel. Die Europäische Gemeinschaft stellte höhere Zahlungsforderungen an die Bundesregierung. Bonn mußte den Betrag anderswo einsparen, und so erhielt das Land Berlin für sein Autobahnprogramm kurzerhand 430 Millionen DM weniger überwiesen; die Tunnelprojekte im Tiergarten und unter Spree und Landwehrkanal waren damit nicht mehr zu finanzieren. Eingeweihte waren also kaum überrascht, als der Regierende Bürgermeister Hans-Jochen Vogel am 12. Februar 1981 erklärte: «Die Planung und der Bau der sogenannten Autobahn West-Tangente wird aufgehoben.» Einige Dezibel Wahlkampfgetöse schwangen wohl auch mit. Denn wer gegen das verkehrstechnische Ungetüm war, konnte in jenen wählerbewegten Tagen punkten. Der Alternativen Liste gelang es auf diese Art, als erste neue Partei in die traute Parteientrinität des Abgeordnetenhauses einzubrechen. Die christlichen Demokraten trugen den Wahlsieg davon. Der Bebauungsplan XI-151 wurde aufgegeben. Und der Tiergartentunnel kam doch noch, 2700 Meter für 730 Millionen DM, fertig gegraben Anfang 2000. Wieder hatte es Proteste gegeben, doch ging die Politik auf des Bürgers Initiative nicht mehr ein. Die Berliner Republik schickte sich an, weniger Demokratie zu wagen. Und in Schöneberg, wo Berlin besonders unschön aussieht, da gibt es heute neben einer Brücke, die keine Brücke ist, ein vierblättriges Kleeblatt. An die 200 000 Quadratmeter groß. Aus Beton und Bitumen. Schöneberger Kreuz wird es genannt und ist doch nur ein Autobahndreieck. Denn der nördliche Stiel des Kleeblatts wurde nie gebaut: die Westtangente.

Modell des Schöneberger Kleeblatts (vorn Sporthalle am Sachsendamm), 1967

*Modell des Flughafens Tegel mit geplantem Parkhaus in der Mitte
des Flugsteigrings West, März 1971*

Eine Fahrt nach Westdeutschland mit den Eltern und Großeltern
schmeckte immer nach Besonderem. Die AVUS hinunter, hinter einer Brücke («You are leaving the American sector»), im Bogen
rechts, dann links, über einen Wasserlauf und ab einem meist vertikalen Schlagbaum Schrittgeschwindigkeit. An einem Häuschen neben dem Sternenbanner Scheibe herunterkurbeln und «Helmstedt»
hinausrufen. Daraufhin in Grenzgebietstempo über ausgeteerte
Schlaglöcher in eine Rechtskurve, einen Hügel hinan auf einen aus-
gedehnten Parkplatz. «Willkommen in der Deutschen Demokratischen Republik». Motor aus. Hier war Dreilinden, wußte ich.
Drewitz hieß der Kontrollpunkt wohl offiziell, ein Ort irgendwo
zwischen Marienborn und Wladiwostok. Wo genau, hätte ich nicht
sagen können.

Woran ich mich jedoch genau erinnere, ist das Kissen im Ford
Taunus 17 M meines Großvaters, grauleinen und «B-AT 570» darauf
gestickt. Kaum war der Zündschlüssel abgedreht und mein Vater in
der Abfertigungsbaracke verschwunden, legte meine Großmutter
dieses Kissen zwischen Fahrer- und Beifahrersitz, wurden Karten
gemischt und Schafskopf darauf gedroschen. Dafür war eine halbe,
volle Stunde eingeplant, und fast verdrießlich konnte mein Großvater werden, wenn sein Schwiegersohn früher als erwartet mit den
für die Weiterfahrt unumgänglichen Papieren, Interzonenpässen,
Laufzettel und Quittung über die Straßenbenutzungsgebühr, in ein
Solo hineinplatzte.

Der Motor sprang wieder an. Ein paar Radbreit vorwärts. Halt.
Ohr freimachen, Paßfotos und Physiognomien vergleichen, Blick

ins Handschuhfach, Kühler-, Motorhaube und Rückbank auf- und zuklappen (die Sitzbank rastete nie beim ersten Mal wieder ein). Dann endlich: Vom Hügel hinunter in die weniger löchrige linke Fahrspur der Autobahn eingeschwenkt und dann mit Tempo hundert – oder bei blitzfreier Sicht etwas schneller – über die Interzonenstrecke nach Westdeutschland, den Freunden aus der schlesischen Heimat zu Besuch.

Es könnte an dem Kissen gelegen haben: Obwohl als freie Bürger von freier Fahrt himmelweit entfernt, verfielen meine Eltern und Großeltern nie auf die Idee zu fliegen. Das entsprach nicht ihrer Art des Fortkommens, ganz im Widerspruch zur Statistik. Denn die berichtete in den sechziger Jahren von einer sprunghaften Zunahme des Luftverkehrs zwischen Tempelhof und den Flughäfen der Bundesrepublik, zehn Prozent fast jedes Jahr. Über drei Millionen Passagiere 1967, laut Prognose doppelt soviel zehn Jahre später und 1980 elfeinhalb Millionen. Zu viel für den schon damals überfüllten Zentralflughafen am Platz der Luftbrücke. Doch es sprach noch mehr gegen diesen Standort: zu wenig Gelände für den für Düsenjets nötigen Ausbau der Start- und Landebahnen, zu viel Krach über den Dächern der anrainenden Wohnhäuser, zu wenig Platz für das Personal, die Abfertigung, die Flugleitung und Autos. Schon 1958 konstatierte dies dem Senat ein Grundsatzgutachten. Was tun?

Im Norden des Eilandes Berlin, wo sich die insularen Bewohner weniger dicht drängten, liegt Tegel. Dort in der Jungfernheide graste einst Vieh, übten dann nacheinander Garde-Artillerie und Infanterie schießen, ein Luftschiffer-Bataillon ab- und anlegen und ein «Verein für Raketentechnik» mondwärts fliegen, was ein Vereinsmitglied, Wernher von Braun, später anderswo erfolgreich zum Abschluß brachte. Wichtiger in unserem Zusammenhang ist, daß diese Tegeler Graspiste anläßlich der Berliner Blockade start- und vor allem landeklar gemacht wurde und die französische Besatzungsmacht auf diese Weise einen Flugplatz in ihrem Sektor erhielt. Die Air France begann dort ihren Flugdienst 1960 und ließ erstmals in Berlin ein Düsenverkehrsflugzeug landen. Die Airlines der beiden anderen Westalliierten steigerten ihre Umsätze von Tempelhof aus; sonstige Konkurrenten wurden in den drei Flugkorridoren nicht geduldet. Aber, wie gesagt, Tempelhof hatte kaum Luft für noch mehr Flugbewegungen. Tegel dagegen war ausbaufähig.

Im Jahre 1966 schließlich lobte der Senat von Berlin einen Wettbewerb für ein 200-Millionen-Projekt in Tegel-Süd aus. 67 Entwürfe gingen ein. Den ersten Preis errangen zwei Nobodies, die gerade erst an der Technischen Hochschule Braunschweig ihre Diplomar-

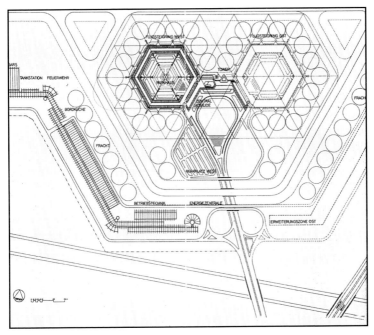

Lageplan des Flughafens Tegel mit beiden Flugsteigringen, 1967

beiten korrigiert bekommen hatten: Meinhard von Gerkan und
Volkwin Marg. Ihre Grundidee war ein Flughafen der kurzen Wege.
Maximal dreißig Meter sollte die Strecke von der Auto- zur Flug-
zeugtür betragen. Marg und Gerkan konzipierten ein Zentralgebäu-
de, an das sich westlich und östlich in zwei Bauabschnitten zwei
sechseckige Satelliten anschließen sollten. Dort hätten über Flug-
gastbrücken insgesamt dreißig Maschinen gleichzeitig abgefertigt
werden können. Jeder Satellit war für jährlich fünf Millionen Passagiere ausgelegt. In die Innenräume der beiden Sechsecke sollten in
zwei Etagen Autos einfahren können, oben für den abfliegenden,
unten für den ankommenden Verkehr. Eine dritte Etage mit Restaurant, aber ohne PKW-Vorfahrt, war Transitpassagieren für den
Tag reserviert, da Berlin (West) europäisches Luftkreuz sein würde.
Den Gebäuden vorgelagert sind Dauerparkplätze. Ein ausgeklügeltes
Farbleitsystem erleichterte die Orientierung: Gelb war lackiert, was
unmittelbar, grün, was mittelbar mit den Flügen zu tun hatte. Gelb
also leuchteten die Bänke in den Warteräumen, in Grün wiesen Ta-
feln auf Taxis und Busse hin – und zukünftig auf einen U-Bahnhof.
    Der erste Satellit sollte 1972, der zweite 1975 in Betrieb gehen,
rechtzeitig, bevor sich die Fluggäste in der prognostizierten Zahl vor
den Abflugschaltern zu drängeln begannen. Hatten die beiden

Braunschweiger TH-Absolventen an alles gedacht? Die Öffentlichkeit durfte skeptisch sein und war es auch.

Im Juni 1969 Baubeginn, am 27. April 1970 Grundsteinlegung, am 20. September 1972 Richtfest, am 23. Oktober 1974 Einweihung, am 1. November 1974 Betriebsbeginn des ersten, westlichen Satelliten. Gesamtkosten: eine halbe Milliarde DM. Weder war also der Kostenrahmen noch der Zeitplan eingehalten worden.

Und dennoch: Wohin man hörte und blickte, überall – selten in Berlin – erklang Zufriedenheit. «Tegel ist in der Tat ein sehr guter Flughafen, der beste in der Bundesrepublik, vermutlich gibt es nirgendwo einen besseren», jubelte der Architekturkritiker Manfred Sack in der «Zeit».

Hohes Lob in höchsten Tönen also, und dennoch schien es, als hätte der Flughafen gar nicht so schnell fertig werden sollen. Inzwischen hatte nämlich Tauwetter eingesetzt, die Blöcke des Kalten Krieges begannen abzuschmelzen, und gerade in der Frontstadt Berlin war einiges in Fluß geraten, besonders der Verkehr auf den Transitwegen, wie die Interzonenstrecken jetzt hießen. Reisende erwarteten in Dreilinden ihre Transitvisa (ehedem Interzonenpässe) nun, ohne ihr Gefährt verlassen zu müssen; zum Schafskopfen war keine Zeit mehr. Die Ohren mußten zwar immer noch freigelegt werden, die Rückbänke jedoch nur noch in Ausnahmefällen. Und die Maut zahlte der Bund pauschal.

Möglich gemacht hatte dies die Entspannungspolitik, konkret das Transitabkommen vom 17. Dezember 1971. Zwar war nach Ansicht von dessen Gegnern in Bonn damit die deutsche Teilung ein für allemal zementiert, doch die Abstimmung mit den Füßen – auf den Gaspedalen – gab den Leuten um Willy Brandt und Egon Bahr recht: Auf den Autobahnen wurde es lebhafter, auf den Landebahnen ruhiger.

So gesehen wäre der Ausbau von Tegel-Süd nicht notwendig gewesen. In den Monaten nach seiner Eröffnung war er zu einem Fünftel ausgelastet, und erst als im folgenden Jahr PanAm und BEA mit Millionenbeträgen zum Umzug aus Tempelhof motiviert werden konnten, kam Leben in das Sechseck.

Doch ein europäisches Luftkreuz, wie einst kühn angenommen, zeichnete sich auf dem Himmel über Berlin nicht ab – eher auf dem über Schönefeld nebenan. Denn die Entspannungspolitik hatte mit sich gebracht, daß das feindliche Geschwisterchen der Bundesrepublik, die DDR, weltweit Anerkennung fand. Und wer sich bis dato, den Bonner Zeigefinger fürchtend, nicht getraut hatte, Luftverkehrsabkommen mit der DDR zu schließen, räumte nun der Interflug, der ostdeutschen Airline, Landerechte ein. Vor allem im Charterverkehr schnappten die Betreiber Schönefelds den Tegelern manch Tausend Fluggäste weg. Flog man von dort in alle Himmelsrichtungen, war in Tegel weiterhin Endstation: in die Flugkorridore hinein und hinaus. Mehr war hier politisch nicht möglich. Nicht mehr nötig war das zweite Satelliten-Sechseck. Seine Pläne blieben in den Schubladen.

1987 erinnerte sich die Berliner Flughafen-Gesellschaft daran. Die Zahl der Passagiere war mittlerweile auf über fünf Millionen geklettert, PanAm und Deutsche BA hatten im Berlin-Verkehr begonnen, miteinander zu konkurrieren statt die Flugrouten untereinander aufzuteilen, der Lufthansa waren Zwischenlanderechte eingeräumt worden und mehrere amerikanische Fluggesellschaften schickten neuerdings auch ihre Jets nach Tegel. In Kürze würden acht Millionen Fluggäste in Tegel ein- und aussteigen, so die Prognose. Wieder kam die Rede vom Luftkreuz, wieder kamen Ausbaupläne auf: Zunächst drei provisorische Abfertigungspositionen in den bestehenden Baulichkeiten, 1992 dann Baubeginn für Gerkans und Margs zweites Sechseck samt U-Bahnanschluß.

Das Provisorium wurde fertig, die acht Millionen Fluggäste kamen auch (1995), aber der zweite Satellit blieb unbegonnen. Möglicherweise wäre er gebaut worden, hätte dies der sozial-alternative Senat nicht im Juli 1989 abgelehnt und wäre aus Berlin nicht wieder eine Hauptstadt geworden, um deren Großflughafen es seit Jahren hin- und hergeht. Bis dort einmal Maschinen abfliegen, bleibt Tegel in Betrieb. Ja, die Abfertigungskapazitäten sollen mit einem Anbau westlich des Zentralgebäudes sogar noch einmal für zwei Millionen Passagiere jährlich mehr erhöht werden – nicht jedoch in Form eines Sechsecks. Das ist endgültig passé.

Daß der Flughafen einst doppelt so groß geplant war, erahnt, wer über die scheinbar überdimensionierte Kanalbrücke auf den Flughafen zusteuert. Sie immerhin ist in ihrer ganzen Breite fertig geworden.

Der Autotunnel und seine Rampen schlagen durch Zehlendorfs Kern eine Kerbe.
Planungsstand Dezember 1973

Tunnellänge 462 Meter, Rampenlängen 194 Meter (Ostseite) und 215 Meter (Westseite), Rampenneigung sechs Prozent, Tunnelbreite 19,30 Meter, Fahrbahnbreite 2 mal 7 Meter, Durchfahrthöhe 4,60 Meter. Bis auf den Zentimeter ausgetüftelt: Technische Daten eines Bauwerks, das lange wurde, doch nie ward.

In Zehlendorf-Mitte den Fahrzeugstrom zwischen Berliner und Potsdamer Straße im Kreuzungsbereich Clayallee/Teltower Damm unterirdisch kanalisieren – diese Idee findet sich auf dem General-straßenplan von 1957, fällt mithin in eine Zeit, da Statistiker mit Freuden und Bangen den Motorisierungsgrad errechneten, als Kennziffer wachsenden Wohlstands, als galoppierend ungezügelte Planungsgrundlage, auf Ortsteile genau. Da kam 1959 ein Kraftfahr-zeug auf je 11,7 Berliner; in Schmargendorf besaß jeder Sechskom-mafünfte ein Auto, in Wedding jeder siebenundzwanzigste. Tendenz unaufhörlich steigend. Das Credo jener Jahre formulierte Otto Suhr, Berlins damaliger Regierender Bürgermeister: «Im Zeitalter der fort-schreitenden Motorisierung ist der geordnete Ablauf unseres Alltags, ja unser Leben im wörtlichen Sinne, immer stärker vom reibungslosen Funktionieren des Verkehrs abhängig. Die Probleme einer großzügigen und weitschauenden Verkehrsplanung müssen daher mit dem größten Interesse beobachtet und gefördert werden. Sie beeinflussen, mehr noch, sie gestalten das Gemeinschaftsleben wie das persönliche Dasein.»

Wie anders dagegen liest sich die Planung für die Berlin-Potsdamer Landstraße im Zeitalter der buchstäblichen Pferdestärken. Kurfürst Friedrich III. an seinen Baumeister Nehring 1693: «Demnach Wir zu besserer regularität dieser stadt und umb die ausfahrt nach der Glienickischen Havelbrücke desto bequehmer zu machen, gut gefunden, eine neue straße, die gerade darauff zu gehe, anlegen zu lassen, aß ergehet hiemit Unser gnädigster befehl an euch, den dazu erforderlichen platz miteinander in augenschein zu nehmen und wann du, Unser ober-baudirector, selbigen in ein gewiß besteck gebracht, die darauff stehenden häuser, welche zu öffnung obgedachter gassen würden abzubrechen sein, imgleichen waß sonst privatleuthe an ihren fundis dadurch abgehen mögte» etc. etc. 1957 bis 1693. So anders die auch Diktion, so ähnlich die Fiktion: Bequemere Wege, schnelleres Reisen, regelmäßigerer Stadtplan. Die Konsequenz ist jedesmal dieselbe: Entschädigungen, Abrisse, bauliche Verluste.

Die Straße, die es in den fünfziger und folgenden Jahren in Zehlendorf in einen Tunnel zu verlegen galt, war in Preußen nicht irgendeine Landstraße gewesen. Sie bildete eine Kommunikation zwischen den Residenzen Berlin und Potsdam. Ihr baulicher Zustand war für Staat und Hof wichtig und wurde mit Aufmerksamkeit beobachtet. «Weite der Allee 48 Fuß von Baum zu Baum. Die Chaussee selbst 22 1/2 Ruthen = 30 Fuß, daher beiderseits 9 Fuß übrig. Fußweg und dann Graben nicht möglich, weil der Graben die Wurzeln der Bäume beschädigen würde. Daher erst 5 Fuß Graben, mit Rasen plattiert.» Erwägungen aus der Zeit des Chausseebaues um 1800, als sich die Berlin-Potsdamer Straße in jeder Hinsicht auf modernstem Stand befand: Mit sorgfältig gesetztem und geschüttetem Straßenunterbau aus kleingeschlagenen Steinen, Kies, Lehm, Kiesel und Sand. Mit regelmäßig am Straßenrand gesetzten Pappeln als Schattenspender und Wegmarkierung. Mit Meilensteinen modernsten, weil klassizistischen Zuschnitts, denen der Via Appia nachempfunden, mit vergoldeter Spitze heute noch am Innsbrucker Platz zu betrachten («1 Meile von Berlin»). Mit neuem Straßenprofil, die Straßenmitte einen Fuß höher als die -ränder, diese in den Kurven leicht erhöht. Das Ganze für 25 000 Taler je Meile. Verantwortlich zeichnete Carl Gotthard Langhans.

Pasewaldtsches Haus, 1928/29 zur Verbreiterung der Potsdamer Straße abgerissen

Wer sein Werk besuchen möchte, wird sich vor das Brandenburger Tor stellen, kaum jedoch nach Zehlendorf kommen, obgleich seine Chaussee noch erkennbar ist – als Mittelstreifen der Potsdamer Straße. Die Alleebäume freilich sind um 1860 neu gepflanzt worden. Die Fahrbahnen links und rechts kamen 1929 hinzu. Straßenverbreiterung. Abriß anrainender Häuser: der alte Dorfkrug, das Pasewaldtsche Haus. 1934 ernannte das «Neuregelungsgesetz für das deutsche Straßenwesen» den Weg zur Reichsstraße 1. Zehlendorf lag nun an einem Band, das sich von Aachen an des Reiches Westgrenze bis Eydtkau in Ostpreußen hinzog. Verkehrspolitik prospektiv: Der Streckenabschnitt der Reichsstraße 1 in Posen und Westpreußen mußte erst noch erobert werden. Heute endet die Reichsstraße, die Fernstraße, die Bundesstraße auf der Oderbrücke von Küstrin; ihre Nummer hat sie behalten. Sie ist die erste im Land.

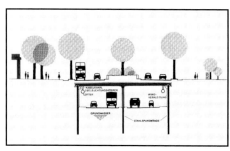

Wo die Bäume sich kugeln: Schema des Tunnel- und Straßenprofils (Senatsinformation 1974)

Als der Zehlendorfer Straßentunnel in den sechziger Jahren konkret zu werden schien, war die Fernverkehrsstraße vollends zerstückelt. Ein Stücklein verlief auch durch Berlin (West), vom Potsdamer Platz zur Glienicker Brücke und zurück.

Dessen ungeachtet hatte der Straßenzug ein hohes Verkehrsaufkommen. Er nahm einen großen Teil des Fernverkehrs zur Grenzkontrollstelle Dreilinden auf und an schönen Wochenenden schoben sich die Fahrzeughalter nach Wannsee hinaus. Zehlendorfs Mitte war bevorzugte Unfallstelle, laut, voller Abgase, ein unwirtlicher Ort. Hierher einen Tunnel, so die Planer, und der Unfallschwerpunkt wäre beseitigt, der Lärm bräche sich an den Tunnelwänden, die Abgasemissionen stoppender und anfahrender Autos wären reduziert, die Ortsmitte beruhigt, ein Platz zum Wandeln und Verweilen zurückgewonnen.

Schön und gut. Nur warum, fragten sich manche Bürger beim Bekanntwerden der genauen Pläne, sollten wir hier verweilen und wandeln? Wozu nur, wenn das alte dörfliche Ambiente zerstört ist, wenn direkt vor der Dorfkirche die Fahrbahnen für den Anlieger- und Abbiegeverkehr entlang führen, ja, vor allem anderen, wenn die große Friedenseiche vor dem Kirchhof gefällt ist? An ihr, einer Yggdrasill Zehlendorfer Züchtung, schieden sich die Geister, erhitzten sich die Gemüter. Vieles ließ sich ertragen, der mythische Baum aber mußte bleiben.

Die Bauverwaltung ging darauf ein und änderte 1969 die Planung. Die Tunnellänge sollte auf 360 Meter, mit Rampen 760 Meter gedehnt, die Häuser hart am Straßenrand möglichst aufgeständert, seltener abgerissen, die Berliner und Potsdamer Straße im Tunnelbereich von 25 auf 37 Meter verbreitert werden. Die Anlieger und Abbieger konnten so auf der Abdeckung des Tunnels statt danebenen fahren. Der Platz vor der Dorfkirche wurde durch diese Maßnahme ansehnlicher, die Friedenseiche blieb erhalten. Als Bauzeit war 1972 bis 1978 vorgesehen, als Kostenrahmen 15 Millionen DM.

Doch da ging es längst nicht mehr um Eiche und Kirche. Das sonst eher friedliche Zehlendorf be-

Öffentlicher und individueller Personennahverkehr vor klassizistischer Meilensäule (Replik)

fand sich im Aufruhr gegen den Tunnel schlechthin. Unwägbares gab es genug. Was sollte mit der Doppelreihe stattlicher Bäume auf Langhans' Mittelstreifen der Potsdamer Straße geschehen, genau da wo sich der Verkehr über die westliche Rampe in den Tunnel ergießen würde? Wie würde sich die Grundwasserabsenkung während der Arbeiten in der tiefen Baugrube auf die Grünanlagen auswirken?

Der Bausenator informierte in einer breit angelegten Kampagne im August 1974: Neuartige Baumethoden, kurze Bauzeit, geringe Lärmbelästigungen, Rücksicht auf den Grundwasserhaushalt. Neue Kostenkalkulation: 41 Millionen DM. «Nach einjähriger Vorbereitungszeit für die provisorischen Umleitungen soll im Jahr 1975 mit den Bauarbeiten begonnen werden. Die Verkehrseröffnung des Tunnels ist für 1979/1980 vorgesehen.» Dies alles klang folgerichtig; doch der Souverän wollte es anders. Ein Ereignis trat ein, mit dem niemand gerechnet hatte, und warf die Pläne über den Haufen.

Am 2. März 1975 fanden in Berlin Wahlen statt. Für die Zehlendorfer Bezirksverordnetenversammlung kandidierte eine Wählergemeinschaft unabhängiger Bürger (WUB). Ihr Wahlprogramm war kurz: Verhinderung des Autotunnels im Ortskern. Notdürftig finanziert, im besten Sinne amateurhaft verlief ihr Wahlkampf und endete mit einer Sensation: Die initiativen Bürger errangen gegen die professionellen Parteien 12,9 Prozent Zustimmung bei den Zehlendorfer Wählern. Sie stellten sogar einen Stadtrat. Dies erregte, bundesweit kommentiert, Aufsehen. Die Krume der verkarsteten Parteienlandschaft war aufgebrochen, alternative Kräuter begannen zu sprießen. Das politische Establishment, zunächst im grünen Bezirk, war gewarnt. Der Stimmenanteil der unabhängigen Zehlendorfer bei Wahlen stieg bis in die neunziger Jahre sogar noch, und mit der Alternativen Liste betrat eine zweite auf behutsamen Umgang mit Umwelt und Umgebung bedachte Fraktion das Rathaus. Zeitweise gelangte sogar das bezirkliche Bauressort unter die Fittiche der engagierten Bürger. Das Credo der Wirtschaftwunderzeit war ihres nicht mehr. In dieser veränderten gesellschaftlichen Landschaft war für einen Autotunnel kein Zentimeter Platz mehr. Das Projekt wurde nachhaltig beendet.

Und die WUB? Sie machte zunächst mit Erfolg weiter. Doch auf Dauer war für zwei alternative Pflänzchen in Zehlendorfs Rathaus kein Platz. So verabschiedete sich die Wählergemeinschaft am 1. März 2002 aus dem politischen Leben. Zehlendorfs Wähler hatten ihre Revoluzzer gefressen.

Informationsstand der Kraftwerkgegner am Oberjägerwweg, Oktober 1976

Das Jahr 1976 begann mit einer Sturmwarnung. Orkan am 3. Januar, Schwerverletzte, hohe Sachschäden. Im Mai und September wurden Erdbebenstöße gemessen, nicht nur in Friaul, sondern in Berlin, einem wenig anfälligen Ort für Naturereignisse dieser Art. Im Sommer herrschte einen Monat lang extreme Dürre. Und gewiß haben an irgendeinem Sonntag dieses Jahres die versunkenen Glocken im Grunewaldsee Alarm geschlagen. Gewiß sind die der Sagenwelt Unheil verkündenden Männekens aus dem Tegeler See gestiegen und haben einmal mehr ihre Drohung hervorgestoßen: «Wenn du unse Welt wist mäten, sollst du dine bald vergäten.» Vergehen solle, wer die Welt zu messen, die Schöpfung zu manipulieren wagt? Hörte jemand die Warnung? Gewiß schäumte der stille Stechlin wie erst kürzlich, 1755, als Lissabon bebte. Gewiß tauchte aus der Gischt des glatten Sees der sagenhafte Hahn auf, «rot und zornig». Doch wer außer Fontane hat ihn je gesehen?

Hätte die längst nicht mehr vertretene Lehre, daß Mikrokosmos und Makrokosmos in lebendigem, wechselhaftem Zusammenhang zueinander stehen, noch eines Beweises bedurft, das Jahr 1976 hätte ihn erbracht.

Deutschlands heile Welt lag im Argen und an mancherlei Stelle mühte man sich 1976, sie wieder in die Angeln zu heben. Die Orte hießen Wyhl und Brokdorf und Grohnde, sie hießen auch Stammheim und Moabit (und auf dem Marktplatz von Zeitz verbrannte sich ein protestantischer Pastor aus Protest gegen die Repressalien seiner Republik.).

Auch Berlin rührte sich in jenem Jahr 1976: das erste Frauenhaus, die Demonstration an Ulrike Meinhofs Grab, das Alkoholverbot in Polizeirevieren, die Sperrung der Havelchaussee, die Kampagne gegen den drohenden Telefonzeittakt bei Ortsgesprächen, und – nicht zuletzt – in Gandhis bester Tradition der gewaltfreie, von Erfolg gekrönte revolutionäre Kampf um die Erhaltung der Gaskandelaber im aufrührerischen Friedenau. An anderer Stelle ging es um Elektrizität, denn auch Berlin besaß sein Brokdorf. Am Oberjägerweg lag es, und die Wilstermarsch erstreckte sich hier über die Jagen 35 bis 37 des Spandauer Stadtforsts, direkt an der Grenze zur DDR. Nicht um Kernkraft wurde gestritten, sondern um konventionelle Energieerzeugung, aber die Erbitterung war nicht geringer. Eine schwierige Lage – in jeder Hinsicht.

Berlin (West) bildete eine selbstständige (energie-)politische Einheit, seit am 5. März 1952 der Lastverteiler der Bewag (Ost) «wegen Störungen in der Stromversorgung in der DDR» den Verbundbetrieb zwischen West- und Ostberlin getrennt hatte und vier Jahre später die letzte vertraglich vereinbarte Fernlieferung aus der DDR endete. Seither mußte aller Strom, der in den Westsektoren verbraucht wurde, auch dort erzeugt werden. Und der Energiebedarf stieg mit nahezu mathematischer Gesetzmäßigkeit fast asymptotisch mit dem Wirtschaftswachstum Jahr für Jahr, verdoppelte sich im Jahrzehnt.

Die Bewag, Berlins Stromerzeugerin, sah sich trotz und wegen guter Umsatzzuwächse in einem Dilemma. Denn kaum stellte sie für den lang zuvor prognostizierten Energiebedarf jeweils neue Kraftwerkskapazitäten bereit, war dieser Bedarf auch schon eingetreten. Mehr als einmal drohte die Höchstlast die installierte Kraftwerksleistung zu übersteigen. Ein banaler Defekt in einem kleinen E-Werk nur, schon wäre es in einigen Stadtvierteln duster geworden. Um es vorwegzunehmen: Durch die Leitungen strömten immer ein paar Kilowatt mehr als die Kunden abzapften. Dunkel wurde es nie.

Zu dieser Leistung steuerte seit 1961 auch das neu gebaute Kraftwerk Oberhavel seine 100 Megawatt, seit 1963 sogar das Doppelte bei. Es arbeitete am westlichen Havelufer auf dem Standort eines älteren Vorgängers, des «Städtischen und Kreiskraftwerks Spandau», dessen 16 Megawatt bei Betriebsbeginn 1914 noch genügten, Spandau und die Kreise Osthavelland, Westhavelland und Ruppin mit Elektrizität zu speisen. Nach 1945 hatten seine Turbinen die Reise in die Sowjetunion angetreten, und als 1959 der Neubau am selben Standort begann, erwog die Bewag bereits den nächsten: in Haselhorst oder an der Dischingerbrücke. 1965 kam erstmals das Ufer der Oberhavel ins Gespräch.

Doch zog zunächst das Fernheizwerk Lichterfelde am Barnackufer die Aufmerksamkeit auf sich – und den Unmut der Anwohner. Nur gegen deren äußersten Widerstand ließen sich 1970 bis 1974 dort drei 150-Megawatt-Blöcke am Teltowkanal aufstellen.

Beim nächsten Bauvorhaben, der Leistungssteigerung des Kraftwerks Oberhavel auf 600 Megawatt, rechnete die Bewag von vornherein mit Ärger: «Dieses Projekt wird mit Sicherheit Auseinandersetzungen in der Öffentlichkeit auslösen, die nicht leichter verlaufen werden als beim Bau des Kraftwerks Lichterfelde. War dort die unmittelbare Nähe von Wohnsiedlungen das Hauptproblem, so ist in Oberhavel der wesentlichste Streitpunkt, daß mindestens elf Hektar Forstfläche dem Kraftwerk weichen müßten.» Und nun das Dilemma: «Für ein Kraftwerk der geplanten Größenordnung ist innerhalb der Grenzen West-Berlins kaum ein Standort zu finden, der alle notwendigen Voraussetzungen bietet: geeignete Verkehrswege für den Brennstofftransport, ausreichende Kühlwasserversorgung und die Möglichkeit zur Errichtung hoher Schornsteine außerhalb der Hauptflugschneisen.»

Und man hätte hinzufügen können: einen geringen Verbrauch an Erholungsfläche. Denn genau hier lag das Problem. Aus Flugsicherheitsgründen ließen gerade dreizehn Prozent des Gebiets von Berlin (West) den Bau hoher Schornsteine zu. Auf diesen dreizehn Prozent stand aber auch Wald, spazierten Ausflügler durch Parkanlagen, segelten auf Gewässern Skipper hart am Wind. Grüne Lungen nannte man dies und sie waren für die hechelnden Berliner Insulaner so lange lebensnotwendig, wie das grüne Umland nur mit Einreisevisum zu erreichen war. Als 1974 Verhandlungen mit der Sowjetunion über eine Fernstromtrasse scheiterten, sahen Bewag und Senat keinen anderen Ausweg mehr, als einige Bronchien der grünen Lunge zu veröden: Im Landschaftsschutzgebiet im Spandauer Forst. Der Bausenator trug der Bewag ein Bebauungsplanverfahren auf. Man ließ sich Zeit. 1976 war es noch nicht einmal eingeleitet.

Am 12. Oktober dann eine denkwürdige Senatssitzung. Fast synchron zogen der Regierende Bürgermeister Klaus Schütz (SPD) und Wirtschaftssenator Wolfgang Lüder (FDP) Beschlußvorlagen aus der Tasche. Der Sozialdemokrat stellte einen Bauplatz von 28 Hektar im Spandauer Forst, der Liberale elf Hektar neben dem Kraftwerk Oberhavel zur Abstimmung. Die Mehrheit im Senat gab den

Ausschlag, der kleinere Koalitionär wurde überstimmt, das 930-Millionen-Projekt sollte nicht an den Rand des Waldes, sondern «mitten mang». Damit man das Kraftwerk nicht so sieht, hieß es. Für Dezember 1976 wurden die ersten der 29 000 Baumfällungen anberaumt, für Mai 1977 der Baubeginn. Und schon kalkulierte der Senat zehn Morgen mehr für die Schneisen der Freileitungen und dreißig weitere für die nächste Kapazitätssteigerung auf 1200 Megawatt in einer zweiten Baustufe an benachbarter Stelle.

Was da aus dem Rathaus Schöneberg verlautete, schlug hohe Wellen jenseits der Havel und an der Spree. Er wolle «keinen Krieg» gegen die Spandauer, erklärte Klaus Schütz, die Wogen glättend, und bot seitens des Senats zum Ausgleich für den Waldverlust an, Spandaus braches Spektefeld zu begrünen, den Eiskeller aufzuforsten, in Haselhorst ein Oberstufenzentrum zu bauen und eine geplante Bauschuttanlage nicht an die Spreemündung zu setzen. Doch so lieblich es aus Schöneberg in den Spandauer Wald hineinschallte, so orkanartig echote es heraus.

Nein, Krieg mit den Spandauern bekam der Senat nicht; fast die ganze West-Berliner Einwohnerschaft machte mobil. Selten ist ein Projekt so ein- und freimütig abgelehnt worden wie dieses, und der Zeitgeist war danach in Bundesdeutschland. Selten haben Bürger für die Belange ihres Gemeinwesens so viel Courage riskiert wie in jenen Jahren. Selten wurde in Deutschland mehr Demokratie gewagt (und zugelassen) als in diesen Siebzigern. Selten war die Identifikation der Bürger mit ihrem Land so groß, nie − als Indikator − die Bundestagswahlbeteiligung so hoch wie in diesem Jahr 1976. Es galt, aktiv ein geliebtes Land («Heimat» hätte es heißen können, wäre dieser Begriff nicht von Blut und Boden verschmiert gewesen) zu beschirmen und zu verbessern. Es hätte der Politik eine Freude sein können mit diesem Staatsvolk; es war ihr eine Mühsal, es zu regieren.

Das Jahr 1976 ging dem Ende zu, und Staates Gewalt und gewaltfreies Volk trafen sich an dem in Aussicht genommenen Bauplatz. Nach Brokdorfer Vorbild nagelten Mitglieder der Aktionsgemeinschaft Oberjägerweg und der Bürgerinitiative Kraftwerk Oberhavel/Oberjägerweg am 21. November im Spandauer Forst Bretter zu Hütten. Erste Probebohrungen wurden versucht und gestört. Rangeleien mit der Ordnungsmacht. Barrikadenbau. Gräben. Holzhindernisse.

Den Wald verteidigen! Dieses Ziel rüttelte auf: Die engagierten Naturschützer, die in den Hütten bereit waren, der Kälte, der Polizei und den mit Sägen heranrückenden Arbeitern zu trotzen. Die Forst-

Das gut bewachte Gerüst für die Probebohrungen, Februar 1977

arbeiter, die die Hüttenbewohner mit Brennbarem versorgten und den Müll wegschafften. Das Landesforstamt, das die offene Feuerstelle nicht zur Anzeige brachte. Die Spandauer Lokalpolitiker, die sich in Bezirksamt und -parlament von dem Bauprojekt distanzierten. Die Bürger, die Lebensmittel und Decken in den Wald trugen. Die Spendensammler und Spendengeber. Die Veranstalter von Informations-, Spiel- und Protestveranstaltungen und – zu Tausenden – deren Teilnehmer und Besucher. Der Oberjägerweg: eine neue Ausflugsattraktion.

Allen voran waren es am Ende zwei Weddinger Kinder und zwei Bewohner des Spandauer Johannesstifts, die das Projekt zu Fall brachten. Im Auftrag dieser Viererbande beantragte Rechtsanwalt

Reiner Geulen den Erlaß einer einstweiligen Anordnung gegen den Rodungsbeginn. Dem gab die Erste Kammer des Verwaltungsgerichts am 6. Dezember 1976 statt. Sie verbot dem Senat, der Bewag das Roden zu gestatten, so lange noch keine vollziehbaren Bescheide über Feuerungsanlagen und Kühltürme vorlägen. In unzulässiger Weise würde nämlich die Rodung die Standortfrage faktisch vorentscheiden. Die Sensation war da.

Acht Tage später befaßte sich die 13. Kammer des Verwaltungsgerichts mit einem gleichlautenden, anderen Antrag, und nach achtstündiger mündlicher Verhandlung kam der Vorsitzende Richter von Feldmann zum selben Ergebnis – trotz der von den Senatsvertretern händeringend beschworenen Dringlichkeit des Projekts. Des Richters Replik: «Ich möchte davor warnen, daß vor der Öffentlichkeit eine Katastrophenstimmung erzeugt wird.»

Die Senatsverwaltung appellierte beim Oberverwaltungsgericht. Dessen 2. Senat verwarf die Berufung am 2. Mai 1977. Mehr noch: Er stellte den Standort im Forst grundsätzlich in Frage. Die noch erhaltenen Naturgebiete verdienten wegen der geopolitischen Lage Berlins verstärkten Schutz. Sie dürften erst angegriffen werden, wenn keine geeigneten Flächen in der Nähe von Industriegebieten mehr verfügbar wären. Und, noch schlimmer, an dem Zeitdruck, den die Verwaltung als Argument ins Feld führe, trage sie selbst Schuld, habe sie doch ihre Planung mit der «Geruhsamkeit kleinstädtischer Katasterämter» betrieben. Der Vorsitzende Richter Boeckh schlug zur Deckung der Spitzenlast den schnellen Bau einer Gasturbinenanlage und als Ersatzstandort für das Fernheizwerk ein Grundstück westlich des Kraftwerks Reuter vor. Ende Juli 1977 erhielt der Senat die schriftliche Urteilsbegründung zugestellt, am 10. August beschloß er, die gerichtlich vorgeschlagene Alternative in die Tat umzusetzen.

Auch hiermit wurde das Verwaltungsgericht befaßt, und es mußte auf eine strengere Einhaltung der Umweltschutzauflagen drängen. Letztlich aber erteilte es nunmehr freie Fahrt den Baukolonnen.

Ironie der ganzen Geschichte: Als Anfang 1989 das Kraftwerk Reuter-West in Betrieb ging, hatten die zuständigen Vertreter von Senat und DDR gerade ein Abkommen über eine Stromleitung von Helmstedt nach Berlin unterzeichnet. Der Anschluß Berlins (West) ans europäische Verbundnetz war damit besiegelt. Ein Ende der energiestrategischen Insellage rückte in Sichtweite. 1994 war der Verbundanschluß perfekt. Kraftwerksneubauten in Berlin hatten sich erübrigt.

SÜDGÜTERBAHNHOF

Blick von Hugo Röttchers Wasserturm über das Bahngelände nach Norden,
August 1983

Die Leberwurststullen aus dem Zeitungspapier gewickelt, den
Klappverschluß der Bierflasche aufgeschnipst, und am Ende den
Griebs des mitgebrachten Apfels zwischen die Gleise gepfeffert:
Mittagspause eines Rangierers, egal wo in unseren Breiten, also
auch bei der Berlin-Anhalter Bahn zwischen Tempelhof und Schöneberg. Dort und nicht nur dort hatte in den siebziger Jahren des
vorvorigen Jahrhunderts die Berlin-Anhaltische-Eisenbahngesell-
schaft im großen Maßstab Kapital einsetzen müssen: in ein prächti-
ges neues Empfangsgebäude am Askanischen Platz, Brücken, einen
Güterbahnhof, neue Werkstätten und bei Tempelhof und Schöneberg in eben jenen Rangierbahnhof, von dem hier die Rede sein
soll. Das Unternehmen machte mit seinen Geländeankäufen die
Bauern der Umgebung reich, selbst hatten die Aktionäre jedoch
nicht mehr viel von ihrer Investition. Denn kaum war sie getätigt,
erwarb der Staat die Bahn. Ende der zwanziger Jahre des vorigen
Jahrhunderts vergrößerte die Reichsbahn den Rangierbahnhof
noch und nördlich davon stände heute, hätte das Tausendjährige
Reich etwas länger gedauert, der gigantische Südbahnhof der Welthauptstadt Germania. Auch ein Luftschloß.

Doch kehren wir zurück zu des Rangierarbeiters Apfelgriebs. Er
bleibt ja nicht solo. Mit jeder Arbeitspause stoßen neue Kerngehäuse
hinzu, und manche Goldparmäne kullert aus einem lecken Obst-
waggon. Da liegen die Äpfel nun im Schotter, sich selbst überlassen,

verrotten, die Kerne finden ein Gran Erde, treiben, sprießen, wachsen und – ratsch – werden weggemäht von den Achsen der rangierten Waggons. Eines Tages aber – der Zweite Weltkrieg ist vorbei, der prächtige Anhalter Bahnhof bis auf einen bemerkenswert kümmerlichen Rest weggesprengt, die Brücken beseitigt oder korrodiert – rollen auf dem Rangierbahnhof keine Wagen mehr. Es ist plötzlich, als sei in Hugo Röttchers denkmalgeschützten Wasserturm am Prellerweg eine Märchenprinzessin gestiegen, um sich an einer Spindel zu pieksen. Schonzeit für die Vegetation also, und am Ende treffen wir, wo einst die Rangierer mit Apfelkernen spuckten, einen Obsthain an.

Hinzu gesellen sich Pflanzen, deren Samen an Waggons festgeklammert lange Bahnfahrten hinter sich hatten: Sandschaumkresse aus den Steinbrüchen des Gleisschotters, Weidenröschen aus den Herkunftswäldern der Berliner Weihnachtsbäume, Estragon aus Kleinasien, Wermut aus Südeuropa. Dazu Habichtskraut aller Art und an Tieren als gelegentliche Gäste Neuntöter und Wendehälse. Und im Packstroh der Waffenkisten welscher Rüstungsschmieden waren unbeeindruckt von menschlichem Kriegsgemetzel südfranzösische Höhlenspinnen eingereist. Kurzum, es kommt zu einem Mit- und Gegeneinander internationaler Flora und Fauna; ein Verdrängungswettbewerb, ein Mikrokosmos entsteht, ungestört umgeben von den sich genauso zusammenraufenden Berlinern ebenso vielfältiger kultureller Herkunft.

Streng genommen, war der Flora ihr wildes Treiben behördlich untersagt, denn die Gleisanlagen, in denen sie wucherte, verzeichnete der Flächennutzungsplan als Bahngelände, für den Berliner Senat jedoch unantastbar. Denn Eigentümer des Südgeländes, wie aller anderen Bahnflächen auch, war laut Grundbuch das Deutsche Reich, das es nicht mehr gab. Die Alliierten übten die Geländehoheit aus, die Betriebsrechte lagen bei der Deutschen Reichsbahn mit Sitz in Berlin (Ost), und was nicht dem Bahnbetrieb unmittelbar diente, hütete treuhänderisch die «Verwaltung des ehemaligen Reichseisenbahnvermögens» mit Sitz in Berlin (West). Diese zu Zeiten der Sprachlosigkeit zwischen Ost und West schier unlösbare Gemengelage bildete besten Nährboden für Sandschaumkresse und Weidenröschen.

1969 war die Zeit der Sprachlosigkeit zu Ende. Dem Brachland drohte ein radikaler Wandel durch Annäherung der Behörden hüben und drüben. Der Senat von Berlin hatte Interesse an den Flächen der Güterbahnhöfe der Berlin-Potsdamer und Berlin-Anhalter Eisenbahn. Die eine brauchte er für ein Teilstück Stadtauto-

*Abgedreht: Funktionslos gewordener Wasserturm des alten Güterbahnhofs,
Aufnahme 1983*

bahn genannt Westtangente, die andere zum Aufbau eines Museums
für Verkehr und Technik. Der Senat kam also nicht umhin, sich erst
an die Alliierten und dann an die «andere Seite» zu wenden, zu verhandeln. Zehn Jahre dauerte dies; keine Seite wollte wegen einer
vielleicht überlesenen kleingedruckten juristischen Spitzfindigkeit
den Kalten Krieg vorzeitig verlieren. Dann, am 24. Januar 1980 kam
die vertraglich besiegelte Abschiebung für Höhlenspinne und Sandschaumkresse: Die Deutsche Reichsbahn tauschte ihre Betriebsrechte an den beiden Güterbahnhöfen gegen eine moderne Rangier-
und Ortsgüteranlage auf dem Schöneberger Südgelände ein. Diese
zu bauen, sagte der Senat zu: eine kombinierte Ein- und Ausfahr-
gruppe mit elf Gleisen und Ablaufberg, neun neue Brücken, ein S-
Bahntunnel, Stückgut- und Güterumschlaghalle, ein Stellwerk, ein
Bergmeistergebäude, ein Dienst-, Verwaltungs- und Sozialgebäude,
zwei Trafostationen und dazu eine komplette neue Brückenmeiste-
rei mit Verwaltung, Sozialbereich, Lager und Werkstatt – alles zusammen für eine geschätzte knappe halbe Milliarde Deutsche Mark.

Doch dann reihten sich Pannen und Peinlichkeiten. Erst zwang
Ende 1980 ein Formfehler zum Abbruch des Planfeststellungsverfahrens. Dann mußte es, neu angeschoben, drei Jahre später unter-
brochen werden. Dann gelangte eine interne Empfehlung aus der
Bauverwaltung an die Presse, der Bau des Güterbahnhofs solle schon
während des laufenden Planfeststellungsverfahrens anlaufen. Und so
wurde die Öffentlichkeit spitzohrig, als Anfang September 1983
Munitionssucher am Rande des Baugeländes zu hantieren begann-
nen. Ironisch, aber immer noch nicht prophetisch genug, verriet

Günther Matthes im «Tagesspiegel» den Grund dafür: «Da die Wiedervereinigung unmittelbar bevorsteht, denn wie sollten wir dem zu erwartenden enormen Ansteigen des Bahngüterverkehrs ohne den neuen Groß-Güterbahnhof gerecht werden?»

Genau hier lag der wunde Punkt. Die Bauverwaltung sah zukünftig, ab Betriebsbeginn 1989, Tag für Tag 570 Güterwaggons den Südschöneberger Ablaufberg hinabrollen; aber ganze 200 Wagen wurden in Berlin (West) rangiert, als sich – 1982 – die Planer über den neuen Güterbahnhof den Kopf zerbrachen. Zudem erreichte die Eisenbahnfracht die Halbstadt vorwiegend in Containern oder Ganzzügen, die keinerlei Kuppelei bedurften. Das sahen auch Frankfurter Gutachter so, und ein anderes Gutachten hielt den Schöneberger Dornröschenwald für eines der wichtigsten Kaltluftentstehungsgebiete der Innenstadt. Auch dies zwei Peinlichkeiten für den Senat, der die Expertisen in Auftrag gegeben hatte. Nicht einmal auf von ihm bestellte Gutachter konnte er sich verlassen!

So saß sie ihm wieder im Nacken, die wilde verwegene Jagd der Naturschützer, Ornithologen, Botaniker und Klimatologen, der Journalisten und Fachleute, verstärkt durch eine Bürgerinitiative, durch die Kleingartenvereine, um deren Lauben es auch ging, und durch die in Berlin sich Alternative Liste schimpfenden Grünen samt deren sich mehrende Anhängerschaft. Und «auf der anderen Seite» sah der Senat seinen übelgelaunten östlichen Vertragspartner, dessen Gelände in Kreuzberg er schon nutzte, für dessen Rangierbahnhof in Schöneberg aber kaum eine Birke gerodet, geschweige denn eine Weiche gestellt war.

Eher nolens denn volens mußte der Senat mit der Deutschen Reichsbahn noch einmal verhandeln (die Westalliierten erlaubten es ihm), und nach zwei Jahren kam am 25. Januar 1989 eine neue Vereinbarung heraus. Mit ihr war der Südgüterbahnhof endgültig vom Verhandlungs- wie vom Meßtisch. Nun rangierten die Güterzüge in Seddin und Wustermark, und das Südgelände rangierte im Flächennutzungsplan als Landschaftsschutzgebiet. Auch die vorläufig letzte Vereinbarung zwischen Stadt und Bahn im Juli 1994 änderte daran nichts mehr. Es entstand der Naturpark Südgelände. Und so kam es am Ende dahin, daß die boomende, moderne, glitzern wollende, funkelnagelneue deutsche Hauptstadt als Vorzeigeprojekt der hannoverschen Weltausstellung EXPO 2000 präsentierte: Apfelbaum und Habichtskraut. Und dann war da noch der Senatsbeschluß vom Oktober 1989, den Naturpark Südgelände in die Bundesgartenschau Berlin 1995 einzubeziehen, die dann ausfiel. Ein weiteres Luftschloß. Und eine neue Geschichte wert.

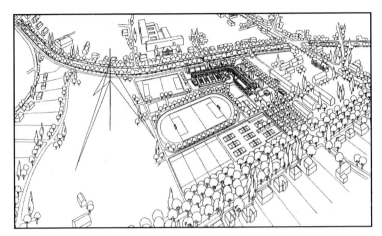

Isometrie des Sportzentrums, 1979, oben rechts der Gutshof

Eine Dorfkirche, halb Feld-, halb Backsteinbau, ein formidables Gutshaus mit der Jahreszahl 1680 über dem wappenprangenden Eingang,
in gehörigem Abstand geduckt und ungleich bescheidener die Inst-
häuser der Gutsarbeiter, ein Alter Krug, Reetdächer. Auf einem Hügel ein Kriegerdenkmal. An der Hauptstraße eine dicke, verwachse-
ne Rüster, von der es heißt, in ihrer Umgebung spuke es. Inmitten
der Dorfaue eine eisenbeschlagene, rundbogige Tür, die ins Erdreich
zu führen scheint oder – wie der Volksmund weiß – in einen mei-
lenlangen Geheimgang oder in einen Eiskeller. Von irgendwoher das
Grunzen von Schweinen, ein wieherndes Pferd, Hühnergegacker
und Gebrüll aus einem Kuhstall. Durch das offene Tor des Gutshofes
poltert ein Milchwagen, Kutscher auf dem Bock, Pferde vorge-
spannt. Dahlem!

Annäherung an ein märkisches Dorf mit Fontanes Augen? Begeg-
nung mit einem unauffälligen Flecken, am Rande des Grunewalds,
mitten im Nirgendwo, fernab der großen Wege, von keiner Chaussee, keinem Bahndamm beunruhigt? Erste Eindrücke des berühmten Märkers mit dem Wanderstock, ehe er innehält, hie und da ein-
kehrt, seine geduldige Recherche beginnt, alsdann in Augenschein
nimmt, mit den Ohren bezeugt, fühlt und spürt, was ihm zugetra-
gen wird?

Nein, seine Literatur gewordenen Wanderungen durch die Mark
Brandenburg führten ihn hier nicht her. «Dahlem. Sehr wahrscheinlich», notierte er, als er danach sann, wo er Stoff für ein märkisches

Geschichtenbuch finden könne. Das Projekt starb alsbald. Über Dahlem schrieb Fontane nicht.

Worüber hätte er auch erzählen sollen, was über andere Dörfer genauso gut, wenn nicht anekdotenreicher zu berichten war! Über ein Dorf, das schon Kaiser Karls IV. berühmtes Landbuch nur streift, ohne auf es ausführlich einzugehen. Über einen Besitz, der bis 1482 denen von Milow gehörte, dann denen von Spil. Über die Kroaten des Dreißigjährigen Kriegs, Mörder und Marodeure wie andere Landsknechte andernorts auch. Darüber, daß die Spils ihr Eigen 1655 an Georg Adam von Pfuhl verkauften und dieser mit Gewinn gleich weiter an den Churfürstlichen Creyß Commissarius Cuno Johann von Willmerstorff? Noch einmal über die Kroaten, diesmal zusammen mit Russen im Siebenjährigen Krieg? Oder über die nächsten Besitzer: Friedrich Heinrich von Podewils? Karl Friedrich (von) Beyme? Doch, diesem Bürgerlichen unter den preußischen Reformern hätte Fontane sicher ein paar wohlwollende Seiten gewidmet, dann aber in einem Kapitel «Steglitz», denn dort hielt sich Dahlems Eigentümer vornehmlich auf. Dieser Beyme: Staatsdiener aus Prinzip und Passion, eher der Karriere als seinen Grundsätzen entsagend. Dieser Beyme, der dezent seinen Abschied nimmt, als sein König die Gesinnungsschnüffler seiner Zeit lobt. Diese Biographie, die Pflichtstudium jeden Politikers sein sollte: Sie endet mit dem Tod des Geadelten im Steglitzer Gutshaus 1838. Beymes Tochter Charlotte verkauft die ererbten Güter dem preußischen Staat. Dahlem wird Domäne und ist es noch, als Fontane sich dort sehr wahrscheinlich nichts notiert.

Kehren wir zurück, schreiten wir voran zu den eingangs skizzierten ländlichen Impressionen. Sie könnten ins Jahr 1973 datieren. Da bestand Fontanes außer Acht gelassene Domäne ihrem Namen nach immer noch, wenngleich seit 1958 als Betrieb der Berliner Stadtgüter, weithin bekannt wegen seiner Vorzugsmilch. Doch was war von den einst etwa 540 Hektar Domänenland übrig geblieben? Noch ein Rückblick.

Das ruhige Dahlem hatte in der Gründerzeit Begehrlichkeiten geweckt. Zu Parzellen und dann zu Geld gemacht wurde es erst, als es sich lohnte. Zuerst trat Wilhelm von Carstenn, jener Terrainspekulant, der Wilmersdorf, Friedenau und Lichterfelde weitenteils ihre Straßen und Grundstücke zuschnitt, an den preußischen Fiskus heran, ihm Dahlems Äcker zu verkaufen. Das war 1872. Aber Finanzminister Otto Camphausen winkte ab. Kein Verkauf! Die Reichshauptstadt war noch nicht weit genug in ihre Umgebung hinausgebaut; die Bodenpreise im Umland stiegen noch. Dann sprach der Berliner

Magistrat vor, ihm die Dahlemer Länder zur Anlage von Rieselfeldern zu veräußern. Wieder war das Finanzministerium davor. Danach antichambrierte eine Grundstücksgesellschaft mit dem morbiden Namen «Nekropole Berlin». Im Jahre 1881 erinnerte noch einmal Berlins Magistrat an sein Entwässerungsprojekt. Nein, nein und abermals nein, der Finanzminister verkaufte nicht, besser: noch nicht. Der Staat konnte die Entwicklung der Quadratmeterpreise abwarten, und die Investoren mußten es ehrerbietigst auch.

Um die Jahrhundertwende war es soweit, die Heimat war teuer genug. 1897 zweigte der Fiskus erst einmal 42 Hektar für den Botanischen Garten ab, dann weitere Flächen für wissenschaftliche Institute und Museen, staatliche Behörden und Reichsanstalten. 1901 beginnend zerstückelte die «Königliche Kommission zur Aufteilung der Domäne Dahlem» die staatliche Scholle schließlich und verkaufte sie quadratmeterweise «zur Anlage eines vornehmen Villenvorortes». Der ist Dahlem bis heute.

Zirka sechzehn Hektar blieben am Ende übrig – samt Gutshof. Auf dem tummelten sich Gänse, Hühner, Domänenarbeiter und Veterinärstudenten. Die Lehrenden und Lernenden der Freien Universität hielten (1952) im Gutshaus Einzug und lebten mehr oder minder einvernehmlich mit den Männern und Frauen der landwirtschaftlichen Praxis.

Zu Silvester 1976 löste der Senat das Stadtgut Domäne Dahlem auf. Was aber sollte aus den gut sechzehn Hektar und den Baulichkeiten werden? Folgerichtig beanspruchte die Freie Universität Scholle und Ställe, und der Flächennutzungsplan gab ihr darin Recht: das Gelände war als Baulandreserve eingetragen. Und mit der Errichtung einer Sporthalle, baulich im Glanz einer LPG-Scheune, direkt neben dem alten Stallgebäude, hatte die Universität schon 1974 ihren Anspruch untermauert. Weitere Sportanlagen sollten nun hinzugekommen; man wollte den Fachbereich Sport hier konzentrieren. Anfang 1976 präsentierte die Senatsverwaltung für Bau- und Wohnungswesen einen Entwurf. Dieser sah (mit einem Optimum an Unsensibilität für Dahlems Kleinteiligkeit) auf dem früheren Domänenacker neben flacheren Gebäuden und Parkplätzen ein 150 Meter langes, vier Stockwerke hohes kompaktes Hauptgebäude vor. Zwar sollte es optisch keines der Nachbargebäude überragen, auch sollten die tiefgezogenen Dächer der kleineren Einheiten das Sportzentrum stadtbildverträglich in die von Landhäusern geprägte Umgebung einpassen. Doch rief die tiefschwarze «schieferähnliche» Eternit-Verkleidung der Fassade des zentralen Gebäudes erst Spott, dann Entrüstung, schließlich Widerstand hervor. «Schlachtschiff» nannte man es, und die, die es auf Kiel legen wollten, säten damit so starken Wind, daß an einen Stapellauf nicht zu denken war. Der potentielle Potemkin auf dem Dorfe provozierte Presse und Publikum. Eine kleine Meuterei war die Folge, eine Bürgerinitiative formierte sich, und Ende 1978 drehten die Senatsarchitekten bei. Der eternitene Panzerkreuzer wurde verschrottet, ehe er die Werft verlassen hatte.

Ein Wettbewerb wurde ausgelobt, den der Berliner Architekt Peter Beller im Juni 1979 für sich entschied. Doch kaum war der Siegerentwurf publik, huben Kritik und Protest wieder an, diesmal grundsätzlicher Art. Das Sportzentrum: Warum ausgerechnet nach Dahlem? Warum gerade hierher auf diese letzten Ar Ackerfläche? Warum diese natürliche, wertvolle Fläche überbauen, kaputt machen?

Gegenentwürfe gab es! Schon in der Wettbewerbsausschreibung wurde Düppel Nord als ebenso geeignetes Sportforum genannt. Und für das Dahlemer Anwesen meldete sich, anfangs kaum wahrgenommen, ein Interessent, der den Sportakademikern zunehmend das Feld streitig machte und sie schließlich von selbigem drängte. Noch bevor das Stadtgut aufgelöst war, hatte sich nämlich am 17. Oktober 1976 der «Verein der Freunde der Domäne Dahlem» gegründet. Sein Ziel: den Kernbereich des Gutshofes als landwirtschaftlichen Standort für die Öffentlichkeit bewahren. Am 17. Februar 1980 erhielt der Verein für sein eng umrissenes Freilichtmuseum vertraglich das Einverständnis des Kultursenators. Dabei blieb es jedoch nicht. Je mehr Mitglieder der Domänenverein gewann, je bekannter er sein Vorhaben mit Erntedankfesten, Töpfermärkten, mit Kramer, Zunft und Kurtzweyl machte, desto lauter wurde die Lobby gegen das Sportzentrum und für eine landwirtschaftliche Nutzung nicht mehr nur des Gutshofes, sondern auch der anhängenden Äcker. Welche Nutzungen dem Senat für das Domänenfeld auch immer einfielen: sie stießen fürderhin auf Protest.

Das von Peter Beller konzipierte Sportzentrum scheiterte 1981 am Sparzwang. Das Luftschloß entschwand aus der Investitionsplanung. Im Herbst 1983 räumten Dozenten und Studenten das alte Gutshaus, das restauriert und zum Museum umgestaltet wurde. Doch im Frühjahr 1989 waren sie wieder da, die alten Pläne. Wie hieß es in der Koalitionsvereinbarung des neuen Senats: «Die Vertragsparteien stimmen darin überein, den Standort des Sportzentrums der Freien Universität in Düppel zu überprüfen. Das Ziel der Überprüfung ist es, den geeigneteren Standort für ein Sportzentrum an der Pacelliallee zu realisieren.» Eine Prüfung, deren Ergebnis bereits feststeht? Man rieb sich die Augen.

Totgesagte Pläne lebten wieder auf, zwar ohne Hockey- und Tennisplätze und mit Parkplätzen für noch fünfzig PKW, aber auch diese verschlankte Variante hätte der Domäne nur noch einen Spielraum von dreieinhalb Hektar belassen. Nicht mehr Dahlem, nicht mehr Zehlendorf protestierte jetzt, Unterschriften aus allen Stadtteilen Berlins (West) mischten sich in den Widerstand, 40 000 insgesamt. Dazu Presse, Rundfunk, die SFB-Abendschau. Dazu Greenpeace, der BUND, die Stiftung Naturschutz und – in brüderlicher Solidarität mit den Betreibern der forstfreien Flächen – die Schutzgemeinschaft Deutscher Wald.

Handelte es sich auch nicht mehr um das Domänengelände insgesamt, sondern nur um die nördliche Hälfte: Der «Verein der Freunde der Domäne Dahlem» und dessen Freunde, groß an Zahl, gaben keinen Breit Boden preis. Hier ging es um eine Krume, die nachgewiesenerweise hohen Wert für Tier und Mensch besaß. Hier ging es um eine Belüftungs- und Abkühlungsschneise einer klimatisch stark belasteten Millionenstadt. Hier ging es aber auch, obgleich nur oberflächlich und unterschwellig, um ein Politikum. Wer würde obsiegen: das christlich-demokratische Zehlendorf/Dahlem oder der alternativ-sozialdemokratische Senat? Das Ringen entschied sich bald. Nach nur anderthalb Jahren war der Senat am Ende, und im neuen Senat setzte die CDU durch, daß in Dahlem alles beim Alten blieb.

Mehr noch: Das gesamte Feld ging in den Flächennutzungsplan 1993 als Freifläche ein, die Domäne Dahlem schloß sich 1995 der Stiftung Stadtmuseum Berlin an, 1996 einigten sich Domänenverein und Freie Universität auf einen schrittweisen totalen Rückzug der Akademiker aus den von ihnen noch genutzten Flächen und Gebäuden und Anfang 1997 verschwand der 120 Meter hohe Sendemast, über den das American Forces Network (AFN) einst besonders in der Umgebung Berlins und dessen östlichen Stadtteilen selten gespielte Musik in sozialistische Haushalte transponiert hatte. Als dieser Stahlmast fiel und auch das angrenzende Baseballfeld samt Parkplätzen in die Domänenflur einbezogen waren, schienen die letzten Widersacher aus dem Feld geschlagen, die Gemarkung in ihrem Bestand gesichert. Der Schein trog.

Neue Begehrlichkeiten weckte nun, bereinigt um die Hinterlassenschaften der amerikanischen Besatzungszeit, der nördliche Teil der Domänenfelder. Die Finanzsenatorin Annette Fugmann-Heesing, neoliberale Sozialdemokratin, machte sich Mitte der neunziger Jahre daran, Berlins «Tafelsilber» zu verscherbeln, um die städtische Neuverschuldung um ein paar Taler zu mildern. Im Juni 1999 beschloß folglich der Senat, ein Viertel der Domänenfläche zu veräußern. Auch die Zehlendorfer, so hieß es, müßten ihr Scherflein zur Haushaltskonsolidierung beitragen, sprich: etwa vier Hektar Dahlemer Domänenland zur Parzellierung hergeben, um es Villenbauherrn zu verkaufen. Die Finanzexperten rechneten mit etwa 2200 DM pro Quadratmeter; würde weniger geboten und mehr nicht erfeilscht, ging es auch billiger. Die Stadt konnte nicht mehr warten, und die Investoren hätten es auch nicht gebraucht, wäre nicht der öffentliche Widerstand wieder so stark gewesen, daß im Juli 2000 die Verkaufspläne vom Senatstisch flogen. Erleichterung allenthalben, auch bei Wolf Jobst Siedler, der um die spärlichen Reize seiner Stadt weiß: «Berlin ohne diese Einsprengsel der Natur wird in seiner Substanz gemindert sein. Paris bliebe doch Paris, selbst wenn es keinen Boulevard Saint-Germain-des-Prés gäbe und keine Rue du Bac. Roms Piazza Navona und seine Via Sistina würden noch immer durch ihre baulichen Schönheiten bestechen, selbst wenn der Pincio bebaut wäre. Aber Berlin bedarf seiner kargen Schönheiten, weil es von ihnen lebt.» Berlin bedarf leider auch des Geldes, und je treuloser damit umgegangen wird, desto mehr. Die Domäne für Berlins Bankgesellschaft opfern? Peanuts!

Ehemaliges Grenzpumpwerk 102 an der Eberswalder Straße, Dezember 2002

Pecunia non olet. Daß Geld nicht übel riecht, wußte schon Kaiser Vespasian – und belegte ein dringend empfundenes, wiederkehrendes Bedürfnis, wenn ihm in öffentlicher Anstalt nachgegeben wurde, mit einer Steuer. Rom lehrt: Abwässer können rentierlich sein.

Daß Entwässerung zunächst einmal Kosten verursacht, war den Vätern unseres Kanalisationssystems, den Virchow und Hobrecht, aber auch klar. Berlins Finanzexperten vor 130 Jahren stellten den kalkulierten Kosten des Abwasserflusses die erwarteten Erträge der Rieselfelder und des Düngerverkaufs entgegen, und schon war die Stadt pekuniär aus dem Schneider. Scheinbar ganz einfach war das damals.

Schwieriger schon war für die Ingenieure die Frage, wie die Flüsse der hygienischen Entwässerung, die die miefenden Abtrittgruben, Rinnsteine und Fäkalienfuhren ersetzen sollte, zu kanalisieren waren. Dem königlichen Baurat James Hobrecht aus Memel, der entlegensten Ecke der preußischen Monarchie, kam der berühmte Einfall mit den Radialsystemen: Man teile die Stadt in zwölf Sektoren. In jedem dieser Radialsysteme leite man dessen Abwässer aus den Wohnungen und Höfen durch die Hausanschlüsse und ein verzweigtes Rohr- und Kanalisationssystem dem niedrigsten Punkt des Stadtsektors zu. Dort baue man je ein Pumpwerk (stadtweit also zwölf Stück insgesamt), in denen die Abwässer mit Maschinenkraft in Druckrohre gepreßt würden. Und dann hinaus damit auf die

Rieselfelder vor der Stadt, heutzutage in die Klärwerke. 35 Jahre baute man an der Stadtentwässerung. Deren Fertigstellung hat Hobrecht nicht mehr erlebt. Erst fünf Jahre nach seinem Tod ging 1907 das letzte Pumpwerk ans Netz. Des königlichen Baurats Radialsysteme funktionieren noch heute.

Doch ist des Bauens nie ein Ende. Das weiß am besten Axel Heidinger, der bei den Berliner Wasserbetrieben für den Betrieb der Kanalisationspumpwerke tagtäglich arbeitet. Und mit dem Stadtplan des wiedervereinigten Berlin im Rücken, kommt er in seinem Büro auf ein Entwässerungsprojekt der besonderen Art zu sprechen, «von dem Hobrecht freilich nichts ahnen konnte.» Es ist das Objekt 3333.

Natürlich konnte Hobrecht, als er die Radialsysteme zuschnitt, nicht wissen, daß hundert Jahre später Berlin in zwei sich politisch befehdende Hälften geteilt sein würde, daß Sektorengrenzen einmal seine Radialsysteme zerschnitten. Danach floß kubikmeterweise Abwasser aus West-Berliner Toiletten, Bädern und Gullies zu Ost-Berlins Pumpwerken und umgekehrt. Ost und West, sowohl die VEB Wasserversorgung und Abwasserbehandlung Berlin (WAB) als auch die Berliner Entwässerungswerke (seit 1988 Berliner Wasserbetriebe; BWB), ließen sich den Fäkalientransit von der jeweils anderen Seite bezahlen. Schließlich entstanden ihnen Kosten für das Pumpen und die Klärung der Kloake, mengenmäßig mehr in Falkenberg, Münchehofe, Waßmannsdorf und Schönerlinde als in Ruhleben und Marienfelde. Gezahlt wurde in Valuta. Da West-Berlin im Debit war, freute sich die andere Seite über einen unablässig fließenden Devisenstrom. Non olet. Der Devise Kaiser Vespasians folgend, beschloß das Politbüro der SED, den Sprudel dieser Geldquelle noch zu verstärken: Würden keine Abwässer aus der «Hauptstadt der DDR» mehr nach «Westberlin» fließen, so die allerhöchste Überlegung, dann bräuchten gegenseitig keine Kosten mehr verrechnet zu werden. Der Netto-Abwasserbetrag, den der West-Berliner Senat zu entrichten hat, würde steigen.

Also begannen Anfang der 1980er-Jahre unter äußerster Geheimhaltung als VD-Objekt (Vertrauliche Dienstsache) mit gesonderter Nachweisführung unter dem kryptischen Code 3333 Planungen zu einem millionenschweren Bauvorhaben, das Berlins herkömmliche Infrastruktur streckenweise auf den Kopf stellen sollte. Die Fließrichtung der trüben Brühe mußte da geändert werden, wo sie nach West-Berlin hinüberschwappte, und sei es bergauf. Für die dann zunehmende Abwassermenge in Ost-Berlin mußten stärkere Druckrohrleitungen verlegt werden. Ahnungslos von jenen Überlegungen schrieben die (West-)Berliner Entwässerungswerke in einer Broschüre 1981: «Von Ost nach West und von West nach Ost läuft das Abwasser in den Kanälen noch immer ungehindert und gesamtberlinerisch. Eine Trennung der Systeme in Ost- und West-Berlin wäre zu kompliziert und teuer geworden.» In der Tat, sie war kompliziert und sie wurde teuer. Und sie wurde nicht fertig.

Betroffen waren die Radialsysteme II und III in Mitte südlich der Spree, die zu den Pumpwerken am Kreuzberger Landwehrkanal entwässerten, und die Radialsysteme IV und X (Prenzlauer Berg), deren Abwässer zum Pumpwerk Bellermannstraße in Gesundbrunnen flossen. Geplant, begonnen, teils auch realisiert wurden an der Staatsgrenze leistungsfähige Grenzpumpwerke, die die ursprünglich nach West-Berlin fließenden Abwasser in neue Leitungen Richtung Osten drücken sollten. Beispielsweise die vier Pumpwerke 051 bis 054 am Heinrich-Heine-Platz, unter dem Park des Staatsratsgebäudes, in der Reinhold-Huhn-Straße (heute Schützenstraße) und zwischen Leipziger und Voßstraße. Das dort gepumpte Schmutzwasser zielte durch 500- bzw. 600-Millimeter-Leitungen auf das Hauptpumpwerk 5 (Holzmarktstraße) und von dort auf die Klärwerke Falkenberg und Schönerlinde. Zwei der Grenzpumpwerke begannen 1988/89 zu arbeiten, das in der Reinhold-Huhn-Straße wurde 1989 noch fertig, ging aber nicht mehr in Betrieb, der Neubau der bereits vorhandenen Anlage am Staatsratsgebäude unterblieb. Wie diesem erging es dem in der Gartenstraße vorgesehenen Pumpwerk 041.

Die fertiggestellten Grenzpumpwerke wurden nach 1989 abgerissen – mit einer Ausnahme. An der Oderberger Ecke Eberswalder Straße steht noch der Oberbau einer solchen Anlage, auffallend durch seine Dachkonstruktion, die sogenannte VT-Falte; das Gebäude wird von der BVG als Umspannwerk genutzt. Einst trug das Pumpwerk die Nummer 102 und gehörte zu einer Vierergruppe (101–104) von teils 1986 bis 1989 in Betrieb gegangenen Pumpwerken, die Abwasser aus Prenzlauer Berg durch zwei 1000-Millimeter-Rohre in die von alters her vorhandenen Hauptdruckrohrleitungen in der Kissinger Straße in Pankow leiteten, von wo es nach Schönerlinde gelangte. Die beiden großen Druckrohre sind die einzigen Teile des Objekts 3333, die noch heute ihre Bestimmung erfüllen.

Alles andere war mit der Vereinigung 1989/90 hinfällig geworden. Was unter hohem Aufwand an Kosten und Ressourcen in acht Jahren geleistet worden war, fiel der Bauschuttdeponie der Geschichte anheim. Daß so wenig die Wende überstanden hat, erklärt Heidinger nicht nur mit der Änderung der politischen Gegebenheiten, sondern auch anhand technischer Details.

An Fläche und Finanzen hat es die ganze Bauzeit über gehapert. Improvisation stand auf dem Arbeitsplan, Erfindungsgeist war gefordert. Ein Beispiel: Schachtpumpwerke waren gebaut worden, in denen der Saugraum vom Maschinenraum nicht getrennt war. Als Pumpen verwendete man bei stündlichen Förderleistungen von bis 400 Kubikmeter Abwassertauchpumpen, entwickelt von den Pumpwerken Oschersleben. Technisch ausgereift waren diese Pumpen, die sich ja ständig im schwarzen Wasser befanden, nicht. Häufige Störfälle an Isolation und Dichtungen, elektronisch im Kontrollzentrum in der Scharnhorststraße gemeldet, waren die Folge.

Ein anderes Beispiel: Die Schächte für die Pumpen und Armaturen gelangten nicht, wie in West-Berlin üblich, mittels Caissons unter die Erde. Stattdessen arbeitete man traditionell in Schlitzbandbauweise, wuchtete also erst Pfähle in den Boden und torkretierte dann ihre Zwischenräume mit Spritzbeton. Die so hergestellten Wände des Schachts erhielten bestenfalls eine – rasch korrodierende – Schwarzblechabdeckung; oft setzte man den reinen Beton sogar ungeschützt der Säure des Schwarzwassers aus. Hochwertiger, rostfreier V4A-Stahl sei nie zum Einsatz gekommen, bedeutet Heidinger, denn um ihn zu beschaffen, hätten Ressourcen wie Devisen gefehlt. So aber fraß die Säure am Beton, und eine strategisch geplante Investition wäre zu einem chronischen Sanierungsfall geworden, hätte die Politik dem nicht 1990 einen Strich durch den Plan gemacht. Denn wo keine Grenze ist, sind Grenzpumpwerke überflüssig.

*Entwurf von Hans Scharoun um 1968: Philharmonie, Kammermusiksaal,
Staatsbibliothek (mit der Westtangente im Rücken), die Matthäuskirche in
die Mitte nehmend das Gästehaus und (noch vage) die Museen der
Europäischen Kunst*

Kultur. Was ist das? Oskar Kresses zweckmäßiges Heftchen «Verdeutschung entbehrlicher Fremdwörter» hilft weiter. Kultur heißt also «Entwicklungsstand, Anbau, Bildung». Und Forum? Hier hilft Langenscheidt: Marktplatz, öffentliches Leben, Geldgeschäfte, Platz vor dem Grabe.

Berlin hat ein Forum der Kultur, eines wie es im Wörterbuche steht, glanzvoll unvollendet, auf dem Jahrmarkt der Eitelkeiten marktschreierisch zerzankt zwischen wetteifernden Architekten und streitlustigen Stadtplanern, bramarbasierenden Bauherren und ihrer parlamentarischen Opposition, zerrieben zwischen Postmoderne und Moderne. Dabei fing alles so gut an, nachdem es so schlecht geendet hatte. Holen wir aus.

30. Januar 1944: Bombenangriff. Mit einem Schlag wird das berühmte Berliner Philharmonische Orchester heimatlos. Die alte Philharmonie brennt aus. Zehn Jahre später: Die Philharmoniker musizieren ambulant, mal im Titaniapalast, mal in der Hochschule für Musik. Es besteht dringender Bedarf an einer neuen Philharmonie – nur wo? An der Bundesallee, in der City West? Sechzehn Jahre später: Grundsteinlegung. Am Kemperplatz, der noch offenen Sektorengrenze benachbart. Der Senat hat es so gewollt, und Hans Scharoun, der

Architekt, auch. In der Philharmonie erkennen die Stadtoberen den Auftakt zu einem «Kulturzentrum für die künftige geeinte deutsche Hauptstadt», zu einem «geistigen Band von Ost nach West», von Nebukadnezar über Karajan zum Mann mit dem Goldhelm. «Dem Osten entgegenbauen», fordert Willy Brandt. Nicht auseinander wachsen lassen, was zusammengehört, hätte er später gesagt.

Und Hans Scharoun liefert die Entwürfe. Nicht nur für die Bauten der Bildung: die Philharmonie, die Staatsbibliothek, den Kammermusiksaal. Nicht nur für die Orte des öffentlichen Lebens: Restaurant, Café, Weinstube, Galerie, gruppiert um eine Piazetta, aufgelockert durch Baumgruppen, dazu ein Gästehaus, terrassenförmig wie die Ränge der Philharmonie. Nein, Scharoun entwirft einen Ort der Bildung und des öffentlichen Lebens, ein Forum der Kultur sozusagen, eine Symphonie von Solitären. Inzwischen (1962) beschließt der Planungsbeirat der Stiftung Preußischer Kulturbesitz neue Reliquiare für seine Kleinodien der Europäischen Kunst zu bauen, und zwar nicht in Dahlem, nicht am Schloß Charlottenburg, sondern am Kemperplatz. Eine zweite Berliner Museumsinsel – neben der am Kupfergraben – soll sich am Landwehrkanal erheben.

Und im selben Jahr erhält Ludwig Mies van der Rohe den Auftrag zum Bau einer Neuen Nationalgalerie, seinem letzten Werk. Brauche er Platz, legt der Senat ihm nahe, könne er die Reste der Matthäuskirche beiseite schieben lassen. Nur das nicht, so Mies. Die Kirche, sichtbare Reminiszenz an das einstige Geheimratsviertel, das Albert Speer in Verfolgung megalomaner Pläne für seine und seines Führers Welthauptstadt Germania ausradieren ließ, bleibt stehen. Ja, Mies macht sie sogar zum Bezugspunkt seiner Nationalgalerie. Welch ein geschichtsträchtiger Kontrast! Denn nach Stülers Plänen war die «alte» Nationalgalerie gebaut worden – als Teil eines «Forums der Kunst und der Wissenschaften» (das nie vollendet wurde).

Und welches Dilemma! Scharoun, rechten Winkeln abhold, soll nun seine Werke – Philharmonie und die seit 1967 im Bau befindliche Staatsbibliothek – mit Mies' kantiger Nationalgalerie und Stülers formstrenger Kirche in Einklang bringen. Scharoun stirbt 1972.

Nach und nach wurden die Bauten der Bildung fertig. 1963 schon die Philharmonie, 1968 die Neue Nationalgalerie, 1974 die Staatsbibliothek, 1984 das Staatliche Institut für Musikforschung mit dem Musikinstrumenten-Museum, die Kunstbibliothek und das Kupferstichkabinett, 1985 das Kunstgewerbemuseum, 1987 der Kammermusiksaal, 1998 die Gemäldegalerie. Ein Ort quirligen öffentlichen Lebens wurde das so bezeichnete Kulturforum nicht, eher – insbesondere nach Einbruch der Dämmerung – ein Platz vor dem Grabe.

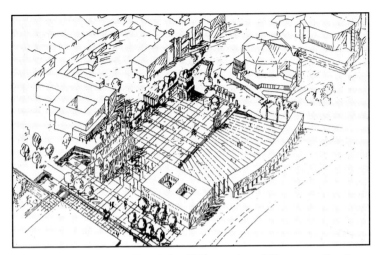

*Entwurf von Hans Hollein 1987: Philharmonie und Kammermusiksaal
(oben rechts), gebogene Kolonnade, Haus der Kirche (unten) und im Zentrum
der Bibelturm am Kanal*

Dabei gab es noch einmal eine große Kraftanstrengung. Es war anläßlich der 750-Jahrfeier, zu der sich die beiden Stadthälften in friedlichem Wettstreit schon lange vorher rüsteten. Das geistige Band von
Ost nach West war längst durchtrennt, und der Senat auf dem Bollwerk des Westens sah sich genötigt, der Museumsinsel im Osten
doch noch eine Kulturbastion entgegenzubauen, knallhart an der
Mauer. Kulturforum sollte sie heißen.

Anfang 1983 versprach der Senat, die Scharounsche Planung zu
realisieren, um dann im Juni desselben Jahres ein Gutachterverfahren
zu initiieren. Einer der angesprochenen Architekten sagte kategorisch ab: Edgar Wisniewski, Scharouns langjähriger Mitarbeiter. Das
Werk des Meisters zu zerstören, mache er nicht mit (es zu vollenden,
ist sein Anliegen bis heute geblieben).

Den Wettbewerb gewann im November 1983 der Wiener Hans
Hollein. Der Unterschied zu Scharouns Konzept konnte kaum grösser sein. Statt eines intimen kleinen Platzes im Mittelpunkt des Forums eine 1800 Quadratmeter weite Granitfläche, statt funktionaler
Bauten postmoderne Attribute, mit Gruß aus dem katholischen Wien
an das protestantische Berlin: ein Ausstellungstürmchen für Bibeln
und ein Haus der Stille mit Kreuzgang («City-Kloster») für die Evangelische Kirche. Dazu ein Türmerl für ein Filmarchiv, eine breite
Treppe vom Forum zur Nationalgalerie und ein bogenförmiges Gästehaus über einem Luftgeschoß («Loggia»). Dazu ein dekorativer
Wassergraben als Seitenarm des Landwehrkanals und schnürlgerade

Baumreihen. Und die Potsdamer Straße, die alte Reichsstraße 1, die einst den Osten und Westen Deutschlands miteinander verband, arbeitete Hollein in eine Zufahrt zu einer Tiefgarage um. Sackgasse!

Kaum war das Konzept heraus, zerfledderten es die Kritiker, die Abteilung Baukunst der Akademie der Künste, der Architekten- und Ingenieurverein, Edgar Wisniewski und – mit weitaus weniger Sachverstand, dafür aber um so polemischer – Wolfgang Nagel von der sozialdemokratischen Opposition: «repräsentativer Aufmarschplatz».

Was aber mußte sich der Wiener ernsthaft vorhalten lassen? Zu viel Dekor, zu wenig Inhalt. Zu wenig Rücksichtnahme auf Scharouns Solitäre. Diese nicht genügend zu verbinden, sondern abzuriegeln. Die Perspektive auf Philharmonie und Staatsbibliothek zu verstellen. Den Grundsatz, daß Stadtarchitektur nicht nur aus Baukörpern, sondern auch aus dem zwischen ihnen belassenen offenen unbebauten Raum besteht, zu verletzen. Mit bewundernswerter Contenance und Geduld hat Hollein sich der Kritik gestellt, Anregungen umgesetzt und jahrelang die vom Senat an ihn herangetragenen Wünsche berücksichtigt. An seinem Ursprungskonzept wurde herumgedoktert, bis es soweit abgemagert war, daß es schließlich verblich.

Doch der Reihe nach: Ende Februar 1984 beschließt der Senat, Holleins Konzept ohne Wenn und Aber umzusetzen. Wenige Tage später meldet die Evangelische Kirche, das City-Kloster werde ihr zu teuer, ein kleines Gemeindezentrum neben der Matthäuskirche täte es auch. Dann wird der Filmturm hinfällig. Für das Filmarchiv bietet sich im zu restaurierenden ehemaligen Hotel Esplanade ein neues Domizil an. Und dem Wassergraben stehen technische Probleme entgegen.

Hollein überarbeitet seinen Entwurf, und der Senat billigt ihn Anfang Mai ohne Wenn und Aber. Nun also statt dem City-Kloster ein Haus der Kirche, mit Laternen und Sonnensegeln drapiert, statt dem Bibelturm ein Gastronomiepavillon, zweigeschossig mit Aussichtsplattform («Erlebnishöhepunkt»), statt dem Gästehaus ein Gebäudebogen auf Stelzen («Kolonnade»), für den sich eine Funktion bestimmt noch finden wird, eine kleinere Tiefgarage mit Zufahrt von der Potsdamer Straße, der große zentrale Platz nur noch teilweise gepflastert, mindestens zur Hälfte aber gärtnerisch gestaltet, Baubeginn Mitte 1985. Anfang Januar 1985 verabschiedet der Senat die endgültigen Baupläne ohne Wenn und Aber, doch erhebt sich drei Wochen später nun auch von Abgeordneten der Regierungsparteien in den zuständigen Ausschüssen Kritik, und die mehrheitlich oppositionell-alternativ-sozialdemokratische Bezirksverordnetenversammlung Tiergarten verweigert den Bebauungsplan sowieso. Was nun?

Der Senatsausschuß für Stadtplanung kommt auf Holleins Originalentwurf zurück und trifft für ihn Anfang Juli 1985 eine Grundsatzentscheidung ohne Wenn und Aber. Jetzt also wieder einen Turm mit Büchern (keine Bibeln mehr, dafür aber wichtige Werke der Weltliteratur aus der Staatsbibliothek nebenan) und eine Kolonnade mit Funktion (Läden, Galerien, Cafés und eine Bücherei). 51,4 Millionen DM beschließt der Senat im Juli 1986 dafür aufzuwenden.

Die Öffentlichkeit, sagen Demoskopen, sei vehement dagegen. Sie für Holleins Pläne zu gewinnen, die Größenverhältnisse darzustellen, deuten im Winter 1986/87 Gerüste mit Bändern den Standort der Kolonnade an, und ein Film zeigt, wie schön das Kulturforum einmal werden wird. Die Bürgerbeteiligung wird getrost vorgezogen und ergibt – einhellige Ablehnung. Aber auch die parlamentarische Mehrheit ist hin: Denn die CDU-Fraktion geht erschrocken in sich.

Noch einmal ergeht Mitte Januar 1987 an Hollein die Bitte, seine Pläne zu modifizieren: die Potsdamer Straße etwas breiter, das Haus der Kirche etwas kleiner, nur noch den Wassergraben und die Platzbepflasterung, mehr nicht.

Im November 1987 ist im Hause des Bausenators nur noch die Rede von einem Haus der Kirche und einem Wassergraben, anderthalb Jahre später (der Bausenator heißt jetzt Wolfgang Nagel) von Holleins Plänen gar nicht mehr. Für ein paar Monate ist Scharoun en vogue, dann wendet sich das Interesse vom Kulturforum ab und Berlins östlicher Stadtmitte zu. Dennoch hat Hollein einen kleinen Fußabdruck hinterlassen. Die zum Stolpern einladende schräge Ebene am Eingang zur Gemäldegalerie: seine Idee.

Epilog: Im März 1993 regen die Scharoun-Gesellschaft und Edgar Wisniewski an, Scharouns Gästehaus als Kunsthotel zu bauen, um das Kulturforum räumlich zu fassen und optisch von der Bebauung am Potsdamer Platz zu trennen. In das «Planwerk Innenstadt» geht das Kulturforum 1997 als «Stadtinsel» mit «stadtlandschaftlichem Eigenleben» ein, und in Anerkennung des scheinbar Unabänderlichen heißt es: «Die monofunktionale Nutzung (Kultur) muß als positive Qualität gewürdigt werden.» Die Qualität zu verbessern suchte der Umweltsenator, indem er im Juni 1998 zur Eröffnung der Gemäldegalerie auf dem Vorplatz für eine Million DM Rasen ausrollen (danach wieder beseitigt) und fünfzig chinesische Götterbäume pflanzen ließ: Kultur in Oskar Kresses Bedeutung als «Anbau». Na bitte.

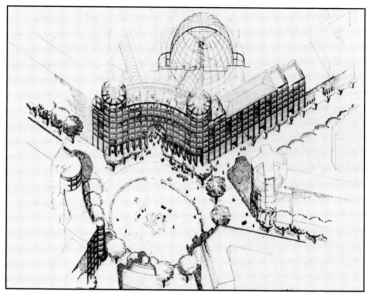

Wohnbebauung und Kuppel des Freizeitbades (Architekt Gottfried Böhm)

Ein Foto gibt es, das den Prager Platz in seiner ganzen spätimperialen Vornehmheit zeigt. Da, wo nach der Absteckung des einstigen Halberstädter Platzes 1876 lange Zeit nur «Jejend» war, wuchsen bis zum Ersten Weltkrieg Wohnhauspaläste. Einer bildet den Mittelpunkt einer alten Fotografie, und links und rechts, in der Motz- und in der Aschaffenburger Straße, stehen sie Revue, im vollen Federschmuck mit ihren Knick- und Treppengiebeln, Kuppeln und Laternen, Türmen und Türmchen, Balkonen, Erkern und Loggien und ihren aufgesetzten Putzfassaden. «Billigsten Surrogatschwindel» nannte Hermann Muthesius, der Purist («Zurück zum Backstein!»), die Kulisse.

Dieses Foto vor Augen: Ist es vorstellbar, daß dort ein El Lissitzkij konstruktivistisch denken konnte, ihm beim Blick aus dem Fenster kühne architektonische Entwürfe in den Sinn kamen? Lassen sich eine Marina Zwetajewa und ein Sergej Jessenin denken, denen beim Gang zur Straßenbahnendhaltestelle Verse voll Leidenschaft und Weltschmerz einfielen? Wo in diesem Ambiente sammelte Boris Pasternak die Inspiration zu seinen Gedichten? Oder Vladimir Nabokov: Trieb er ausgerechnet hier Studien für seine psychologischen Romane, seine Gesellschafts- und Moralkritik? Zuletzt als einer der 300 000 Exilrussen jener Jahre der umtriebige Ilja Ehrenburg in der

«Prager Diele»: Kamen ihm hier die Ideen zu seinen Satiren und zu seinem unvergleichlichen «Julio Jurenito»? Das Prager Viertel zu Beginn der kurzen Goldenen Zwanziger: Avantgardisten auf Schritt und Tritt, mit Lineal und Bleistift, Skizzen- und Notizblock in der Hand und Mütterchen Rußland tief, tief im Gedächtnis. Und zwischen ihnen die deutschen Kollegen, ein Bertolt Brecht, ein Erich Kästner, dessen Emil samt Detektiven quer über den Prager Platz dem Dieb hinterherhupte. Russische und deutsche Progressive, Seit' an Seit' in Wilmersdorfs Prager Viertel: Wie ähnlich verlaufen solche Schicksale im Zeichen der Tyrannen, denen sie sich aussetzen müssen, ganz gleich ob unter Hammer und Sichel oder Hakenkreuz. Da darf der eine, Pasternak, seinen Nobelpreis nicht annehmen und der andere, Kästner, sieht seine Bücher brennen. Da wandern sie, Nabokov und Brecht, in die Neue Welt aus oder emigrieren innerlich bis zum Äußersten, dem Freitod – wie Zwetajewa und Jessenin.

Mitte der vierziger Jahre gab es sie längst nicht mehr, die Nachbarschaft der Avantgarden, und den Prager Platz gab es fast nur noch als Namen einer Nachkriegswüstung. Ein Ort des Wohnens und Lebens war er kaum noch. An seinem Rande hatte gerade noch eines der alten Gebäude überlebt, wegen seiner auffälligen Dachreklame als «Hormocenta-Haus» betitelt, und erhielt ein Make-up im Stil der fünfziger Jahre: Stuck ab, glatte «moderne» Fassade ran. «Am Prager Platz gab es nach der zweiten Zerstörung nichts mehr zu retten», stellte der Architekt Josef Paul Kleihues fest.

Prager Platz zwischen Motzstraße (links) und Aschaffenburger Straße, um 1925

Die planen, sandigen Eckgrundstücke des Prager Platzes und das Rondell in seiner Mitte: War dies nicht ein vorzügliches Exerzierfeld für Stadtsanierer und Architekten? Es bedurfte eines Anstoßes. Den gab die Internationale Bauausstellung Berlin (IBA).

1976 wird der Prager Platz als Demonstrationsobjekt in die Reihe «Modelle für eine Stadt» aufgenommen. Carlo Aymonino aus Venedig und Rob Krier aus Wien entwerfen Skizzen für eine Platzgestalt, die gleichermaßen Urbanität und Respekt vor den Hinterlassenschaften der Geschichte ausdrückt. Gottfried Böhm und Rob Krier konkretisieren die skizzenhaften Vorstellungen im Herbst 1979, und so ist, als im selben Jahr die Internationale Bauausstellung GmbH ihre Arbeit aufnimmt, ein Rahmenplan für den Prager Platz vorhanden: Vier Einzelprojekte an den Rändern des Platzes, die bei aller unterschiedlicher Architektur zusammenwirken sollen durch gemeinsame Gebäudehöhen, Arkaden und Farbgebung. Im September 1981 tun das Bezirksamt und die für 1984 geplante, dann auf 1987 verlängerte IBA der Öffentlichkeit ihre Pläne kund.

Für das der Stadt gehörende Grundstück am nördlichen Platzrand zwischen Trautenau- und Prager Straße gab es schon seit langem Pläne: 1953 war ein Standort für eine Schule ausgewiesen, Mitte der sechziger Jahre kam dem Stadtplanungsamt Wilmersdorf das Bedürfnis nach einer Badeanstalt, Kindertagesstätte, einem Jugendfreizeitheim und einem zentralen Volkshochschulgebäude. Zu diesen vier geplanten Gemeinschaftseinrichtungen gesellte sich als fünfte noch eine Bücherei. Gottfried Böhm lieferte den Entwurf: eine Wohnrandbebauung mit einem weiten, von Turmbauten flankierten Tor, einen Blockrand also, in dessen Kern nachträglich Freizeitbad, Bücherei, Jugendfreizeitheim und Volkshochschule «hineingeschoben» werden sollten. Erst einmal jedoch stand auf dem fraglichen Grundstück eine Autowaschanlage.

Im Jahre 1984 wurde der Prager Platz begehbarer, rückte aber auch weiter von seiner historischen Form ab: Der Kreisverkehr endete. Zwei der fünf Straßenmündungen wurden geschlossen. Und wo die Badeanstalt stehen sollte, wurden immer noch Autos geduscht. Anfang Juli 1986 ging im rekonstruierten Platzmittelpunkt eine Fontäne in Betrieb. Dazu verordnete man Gemütlichkeit: Parkbänke, Rabatten, Heckenbepflanzung. Und am vorgesehenen Ort des Freizeitbads wusch man immer noch Wagen. Im Januar 1989 öffneten die ersten Mieter in Gottfried Böhms IBA-Wohnungen am Südwestrand des Platzes ihre Fenster und blickten – nicht mehr auf die Autowaschstraße, nein, sie schauten auf den Verkaufsplatz eines Gebrauchtwagenhändlers und einen Kindergartencontainer voller

Gören. Von einem Spaßbad keine Spur. Zwei Jahre später wurden auch die Bauteile von Aymonino und Krier am südlichen und nordöstlichen Platzrand fertig, sehenswerte Wohngebäude, deren Erker auf die frühere Platzgestalt Bezug nehmen. Doch wer hinauslugte, sah Fahrzeuge feilgeboten. Von einem Freizeitbad nichts zu sehen.

Was als kommunaler Schwerpunkt für Wilmersdorf gedacht war, öffentlich finanziert (bei einem Kostenrahmen von vierzig bis fünfzig Millionen DM), privat betrieben, geriet – je mehr des Senats Interesse an einem Freizeitbad in Citylage abnahm – auf die lange Bank. Der Vollständigkeit halber, hieß es, könne das Grundstück bebaut werden, aber bitte ohne Bad. Dann, konterte das Stadtplanungsamt Wilmersdorf, möge die «Dreckecke als Zeugnis Berliner Baugeschichte» eher unbebaut bleiben. Harte Dialoge.

Man rief nach einem privaten Investor für die Extravaganz. Die Kölner Sportplan GmbH wurde auf das Projekt aufmerksam und begann mit dem Senat um den Grundstückspreis zu feilschen. Einigen konnte man sich nicht; 80 Millionen DM für 11 000 Quadratmeter (für die der Autohändler monatlich 20 000 DM Pacht bezahlte) war den Kölnern zu teuer. Weniger wagte das Land Berlin nicht mehr zu fordern, nachdem es sich mit seinen günstigen Grundstückspreisen am Potsdamer Platz gleich nach der «Wende» unerlaubt wenig Geld, aber viel Ärger eingehandelt hatte.

Im September 1993 ließ der Senat das Freizeitbad-Projekt fallen. Das städtebauliche Konzept der IBA wurde beibehalten, der Bebauungsplan jedoch geändert, ein neuer Investor gesucht. Er hieß wiederum Sportplan GmbH und kam aus Köln. Eine Kindertagesstätte und ein Jugendfreizeitheim, jawohl, das sollte weiterhin gebaut werden, aber auch ein Block von 120 Wohnungen mit Büros im Blockinnern. Auch daraus wurde nichts.

Im September 1996 lud der Bezirk sechzehn Bauentwicklungsgesellschaften zu einem Investorenwettbewerb für hundert Wohnungen und 6000 Quadratmeter Gewerberaum. Dann Stille.

Anfang Juli 1999 ist das Grundstück verkauft. Die Trigon Wohn- und Gewerbebauten GmbH tritt als Investor auf. Im Frühjahr 2000 geht ein achtstöckiges Seniorenwohnstift mit 150 Wohneinheiten in Bau. Im Juni 2002 öffnen die Geschäfte im Erdgeschoß und kurz darauf das Fitneß-Zentrum im ersten und zweiten Obergeschoß. Dieses hat sogar ein Schwimmbecken, nicht städtisch, dafür aber höchst privat – für Clubmitglieder.

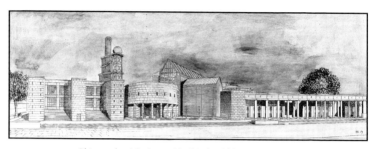

Skizze des Neubaus (Architekt Aldo Rossi), 1987

«Von Berlin müssen Antworten auf die Fragen ausgehen, wo die Deutschen herkommen, wohin sie gehen.» Regierungserklärungen des Freiherrn Richard von Weizsäcker, Regierender Bürgermeister von Berlin, hatten stets etwas von einem Essay. Die vom 2. Juli 1981, aus der der eingangs zitierte Satz stammt, regte ein Vorhaben an, von dem schon sein indirekter Amtsvorgänger Dietrich Stobbe 1978 gesprochen hatte: eine «Sammlung zur Präsentation deutscher Geschichte». Im Januar 1982 also setzte sich eine vierköpfige Historikerkommission zusammen, um in einer Denkschrift erste Vorschläge für ein Geschichtsmuseum zu entwerfen.

Diese fanden im Jahr darauf Widerhall auch im Bundeskanzleramt zu Bonn, wo sich ein promovierter Historiker gerade anschickte, Richtlinienkompetenz auszuüben. Dr. Helmut Kohl fand die Idee so gut, daß er sie als ein Ziel seiner Amtszeit in die Regierungserklärung vom 4. Mai 1983 aufnahm. Genaugenommen sollten es zwei Museen werden: ein Haus der Geschichte der Bundesrepublik Deutschland in Bonn und ein Deutsches Historisches Museum (DHM) in Berlin. Die Beziehungen West-Berlins zum Bund wären um eine museale Komponente enger geworden. Die Darstellungen im Geschichtshaus in der Bundeshauptstadt sollten am Ende des Deutschen Reiches beginnen, das Museum in der früheren Reichshauptstadt dort aufhören. Wann die alte Reichshauptstadt zur neuen Bundeshauptstadt werden würde, konnte niemand genau datieren, am wenigsten der spätere «Kanzler der Einheit» selbst.

So begriff er das Museum als «Huldigung der Bürger der Bundesrepublik zum 750. Geburtstag der alten Reichshauptstadt». Diesen nämlich beging Berlin 1987, dank nationalsozialistischer Zeitrechnung fünfzig Jahre nach der 700-Jahrfeier 1937. Eine fragwürdige Datierung fürwahr, wurde doch die früheste Berlin erwähnende Urkunde erst 1244 gegeben. Dieses Jahr zu Grunde gelegt, wäre das 750. Lebensjahr ab urbe condita ganze sieben Jahre später vollendet gewesen. Das Fest wäre dann nur einmal gefeiert worden. So aber ließ man den Jubilar doppelt hoch leben, in den westlichen Bezirken, meistens erst seit 1920 Berlin zugehörend, und in Berlin (Ost) auf historischem Boden. Geschichtskitsch hin, -klitterung her: Wie in der Zeit des Systemvergleichs üblich, versuchten Schaufenster (West) und Schaufenster (Ost) einander an Glanz zu überstrahlen. Und in die eine Auslage paßte ein funkelnagelneues Deutsches Geschichtsmuseum so trefflich wie ein neo-mediävales Beton-Nikolaiviertel in die andere. Berlins neuer Regierender Bürgermeister Eberhard Diepgen jedenfalls nahm das Geburtstagspräsent dankend entgegen. Zum Auspacken kam er nicht mehr.

Doch preschen wir in unserer Geschichte nicht vor.

Der Deutschen Sinn nach Gründlichkeit widerstrebt es, Entscheidungen über einen Gegenstand zu fassen, den sie nicht vorher in Kommissionen und Ausschüssen, Anhörungen und Fragestunden, Foren und Debatten so lange hin- und hergewendet haben, bis er entweder völlig abgegriffen in alle Lobbies paßt oder von seiner Ausführung abgesehen wird – dies dann aber mit aller Entschiedenheit. Was also war bei einem Deutschen Geschichtsmuseum zu erwägen? Drei Streitfragen waren es im wesentlichen.

Erstens die föderale Kulturhoheit. Die hessische Landesregierung hätte mit einer Heimatstube in Hüttengesäß so wenig ein Problem gehabt wie der Hamburger Senat mit einem Buddelschiff-Museum in Poppenbüttel oder der Freistaat Bayern mit einer Wittelsbacher-Galerie in Aichach. Ein Museum aber mit Gültigkeitsanspruch sowohl für das Bundesland, wo der Sand der Dünen weht, als auch für das, wo die Donau brausend geht? Dazu noch in der alten Hauptstadt? Ferner: Was verband, beispielsweise, einen stillen, scheuen Novizen in einem weltabgeschiedenen württembergischen Zisterzienserkloster des Jahres 1500 mit einem selbstbewußten, streitbaren Dithmarscher Bauern bei Hemmingstedt? Von den Danziger Hanseaten, den Webern in Peterswaldau und den Fischern am Kurischen Haff diplomatisch ganz zu schweigen. Mit welchem Recht schließlich vertrat die Bundesregierung zentralistisch den Anspruch, Angelegenheiten der Kultur und der Medien an sich zu ziehen? Ländersache war das.

Die zweite Kontroverse wurde genährt durch den Argwohn der dem konservativen Kanzler abholden Parteien. Mochte der Präsident der Stiftung Preußischer Kulturbesitz Werner Knopp als Leiter einer von 1985 bis 1987 im Auftrag der Bundesregierung arbeitenden Sachverständigenkommission auch beteuern, das Museum werde «keine Weihestätte und auch keine Identifikationsfabrik», mochte er ankündigen, das Haus diene der Aufklärung und Verständigung, mochte die Gründungsvereinbarung garantieren, das Museum werde «offen für unterschiedliche Anschauungen und frei von jeder Einseitigkeit die ganze deutsche Geschichte in ihrem europäischen Zusammenhang» darstellen: Sobald der Kanzler ein «Nationalmuseum» forderte («Entweder wir machen etwas, was einmalig ist, was eine nationale Dimension hat, oder wir lassen das.»), zog es wieder herauf, dieses deutsche Unbehagen, die Befürchtung, das Deutsche Historische Museum solle die dunklen Seiten der deutschen Geschichte im Sinne des Guten und Schönen ein für allemal erledigen. Christian Ströbele, erzalternativer Politiker in Berlin, erkannte in dem Vorhaben eine «staatsoffizielle Geschichtserziehungsanstalt für ein glücklicherweise verlorengegangenes deutsches Nationalbewußtsein». Es schien, das Kind schwappte aus der Badewanne.

Blieb ein drittes Problem, die Frage des Standorts. Wo war der Boden am symbolischsten, wo am wenigsten durch braune Historie kontaminiert? In der Zitadelle Spandau? Nur nicht hier, kommentierte die Kommission von 1982, eine Festung sei ein schlechter Museumsrahmen. Im noch zu rekonstruierenden Martin-Gropius-Bau, dessen Preußen-Ausstellung 1981 viel Beachtung gefunden hatte, dem Bau, der als Kunstgewerbemuseum Nachbar des Reichssicherheitshauptamtes mit den Folterräumen des Geheimen Staatspolizeiamts gewesen war? Nur nicht dort, votierte die Akademie der Künste mit ihrem streitbaren Präsidenten Günter Grass in vorderster Linie, der Ort des Terrors geriete an den Rand der Geschichte. Am Platz der Republik, wo gleichgeschaltete und Großdeutsche Reichstage stattfanden, in der Krolloper – wiederaufgebaut sogar? Nur nicht das, opponierten Werner Knopp und die Sachverständigen, eine bauliche Fälschung sei kein sinnvolles Museumsgehäuse. Im Reichstagsgebäude? Nur nicht da, hieß es in der Denkschrift von 1982: «Der Reichstag ist eine offene Frage an die Zukunft, das Museum argumentiert aus der Vergangenheit. Hier ergeben sich schwere Diskrepanzen.» Das Geschichtsmuseum als Platz «historischer Selbstvergewisserung der Deutschen», nahm Wolf Jobst Siedler im Mai 1985 das Wort, gehöre «zum Reichstagsgebäude als eines Ortes politischer Willensbildung zur Nation». Und auch der Bundeskanzler müsse in dessen Nähe seinen Berliner Amtssitz nehmen. Diese Gegend müsse wiederbelebt werden, argumentierte auch eine Arbeitsgruppe zur Neugestaltung des zentralen Bereichs. Weshalb, fragte sie, an der «Utopie einer raschen Wiedervereinigung» festhalten und die «Vorbehaltsfläche für den Zeitpunkt der Wiedervereinigung» so lange brach liegen lassen?

So sehr um den besten Platz auch gestritten wurde, eine Adresse war unverfänglich: Charlottenburg, Windscheidstraße 18. Dort, in einem Gewerbehinterhof wurden die seit 1986 unter Leitung des Münchner Stadtmuseumsdirektors Christoph Stölzl angekauften Museumsobjekte gesammelt und auch schon ausgestellt. Der Erwerb gestaltete sich freilich nicht einfach. Zum einen waren aussagefähige, Interesse erregende Antiquitäten auf dem Markt nur noch schwer zu ermitteln. Zum anderen war der Etat im ersten Jahr knapp bemessen. Mit 250 000 DM zählt man auf wichtigen Auktionen eher zu den zurückhaltenden Mitbietern. Drei Silberbecher der Bruderschaft der Böttchergesellen zu Riga waren der erste Stolz der Sammlung.

Am 12. Juni 1985 war der passende Museumsplatz gefunden. Kanzler, Regierender Bürgermeister und Bundesbauminister wiesen auf eine etwa 45 000 Quadratmeter große Wüstung an Spree und Moltkestraße, etwa da, wo im ehemaligen preußischen Generalstabsgebäude, dann Reichsamt für Inneres, Reichsinnenminister Heinrich Himmler an seinem Schreibtisch saß (und der Bundeskanzler in seinem pompösen Amtssitz heute). Dort also versprach die Bundesrepublik Deutschland für 250 Millionen DM einen Neubau zu schaffen, nach dem Willen ihres Kanzlers «erstklassige, herausragende Architektur» mit einem «Hauch von Mexico City und Tel Aviv.» Das fertige Museum sollte dem Land Berlin übereignet werden. Beide, Bund und Land, gründeten behufs Realisierung des Projekts am 28. Juli 1987 die «Deutsches Historisches Museum-Gesellschaft m.b.H.» mit Christoph Stölzl als geschäftsführendem Direktor, einen knappen Monat später lobte die Bundesbaudirektion einen Architektenwettbewerb aus, und am 27. Oktober enthüllte Helmut Kohl im Rahmen eines Festakts eine Stiftungstafel am zukünftigen Bauplatz: «Hier entsteht das Deutsche Historische Museum. Die Bundesrepublik Deutschland schenkt das Museum dem Land Berlin zum 750jährigen Jubiläum der Stadt.» Berlins parlamentarische Opposition blieb dem Gründungsakt selbstverständlich fern.

Über 200 Architekturbüros weltweit zeichneten und bastelten an

Frohe Gesichter: Enthüllung der Gründungstafel, 28. Oktober 1987

Große Ankündigung an der Moltkestraße, 1989

Konzepten und Modellen für das – mittlerweile – 380-Millionen-Projekt. Am 10. Juni 1988 stand der Sieger fest: Aldo Rossi. Der Mailänder konzipierte einen vielgliedrigen Bau mit einem 22 Meter hohen Rundbau als Eingang. An ihn schloß sich eine 152 Meter lange, 10 Meter breite und 7 Meter hohe glasgedeckte Galerie an, von der, gleichsam wie Zinken eines Kammes, die Ausstellungssäle abgingen. Räume für die Museumsdidaktik plazierte er in einen Backsteinbau neben der Eingangsrotunde. Ein achteckiger Turm markierte einen vertikalen Bezugspunkt. Als Abschluß des Grundstücks zum Platz der Republik hin sah Rossi eine Kolonnade vor. Als Materialien dominierten Backstein, Naturstein und Glas.

Weshalb gerade Rossis Entwurf? Die Orientierung für den Besucher sei überschaubar, befand die Jury. Jeder Einzelbereich sei vom Eingang her eigenständig zu erschließen, individuelle Rundgänge dadurch möglich. Die unterschiedlichen Bauelemente in ihrem spannungsreichen Gefüge machten «Diskontinuität von Tradition» begehbar. Vor allem aber hieß es in der Begründung des Preisgerichts: «Immer wieder wird Monumentalität aufgebaut, um im nächsten Augenblick zurückgenommen zu werden.» War sein Werk überinterpretiert, oder hatte sich Rossi wirklich so tief in deutsche Mentalität hineinversetzt? Der Bau wirke «wie ein riesiges Gefängnis»: Assoziation eines Berliner Architekturkritikers!

In Mailand ging man an den Entwurf des Museums. Bis 15. Juni 1989 sollte er seinem Auftraggeber, der Bundesbauverwaltung, vorliegen, hernach Kosten und Honorar berechnet werden.

Alles schien wie am Schnürlein zu klappen. Doch dann brachte das Jahr 1989 in Berlin die bisherige Opposition in den Senat, und plötzlich waren Regierender Bürgermeister und Bundeskanzler nicht mehr Parteifreunde. Und wie konnte es anders sein: Der umtriebige neue Bausenator verschob das Deutsche Historische Museum. An den Potsdamer Platz müsse es, und zur Begründung fand Wolfgang Nagel auch dafür Symbolträchtiges: Der Museumseingang rücke dadurch an die alte Reichsstraße 1, «die von Königsberg bis nach Aachen reichte». Aufgebaute oder zurückgenommene Monumentalität? Fand der Bausenator für seine Idee auch kaum Freunde, so erzeugte sein Solo doch immense Unruhe. Wieder wurden Kolloquien und Anhörungen anberaumt, wieder wirbelte es durch den Berliner Blätterwald, wieder wähnten sich Museumsgegner im Aufwind.

Rossis Entwurf lag inzwischen vor und wurde, je nach architektonischer und politischer Provenienz, bejubelt oder verrissen. Zu fachlichen Fragen äußerten sich nun auch Vertreter des im Zeughaus angesiedelten Museums für deutsche Geschichte, das schon seit 1953 bestand. Die Zusammenarbeit mit dem historisch-materialistisch gestrickten Geschichtsmuseum der DDR, die bereits die Konzeptionäre des Jahres 1982 gefordert hatten: Sie trat nun, Ende 1989, ein, erst mit Leihgaben und schließlich, ganz und gar anders als gedacht, mit seiner Abwicklung. Ende August 1990 beschloß der Ministerrat der DDR, das Museum für deutsche Geschichte aufzulösen, seine reiche Sammlung und die 180 Mitarbeiter aber dem Deutschen Historischen Museum zur Verfügung zu stellen. Dies wurde auch im Einigungsvertrag vermerkt. Die Exponate waren Museumsdirektor Christoph Stölzl sehr willkommen, die Angestellten weniger. Sie fielen – mit drei Ausnahmen – dem Ruhestand anheim.

Für den Museumsbau war wieder einmal die Standortfrage aufgeworfen: Aldo Rossis Neubau oder – nunmehr – das Zeughaus, dreimal kleiner zwar, aber traditionsreicher. Klarheit schuf wie ehedem Helmut Kohl. Er optierte, wenn auch indirekt, für das einstige Waffenarsenal Unter den Linden: Am 16. Januar 1992 kamen er, der Regierende Bürgermeister (der nun wieder Eberhard Diepgen hieß), und der Stadtentwicklungssenator darin überein, das neue Bundeskanzleramt dort zu errichten, wo seit über vier Jahren eine Tafel ankündigte: «Hier entsteht das Deutsche Historische Museum.» Dessen Entwürfe und Modelle sind inzwischen selbst historisch: ein Luftschloß im Magazin.

Orientalisches abrißweise: Die Friedrichstadtpassage im Mai 1991

«Pinneberg rennt nun schon zum vierten Mal das Stück Friedrichstraße zwischen der Leipziger und den Linden auf und ab. Er kann
noch nicht nach Hause, er kann einfach nicht. Wenn er zu Haus ist,
ist wieder alles zu Ende, das Leben glimmt und schwelt hoffnungslos
weiter, hier kann doch etwas geschehen!» Was nun, kleiner Mann?
Warum ließ dich Hans Fallada gerade die Friedrichstraße hinauf-
und hinunterhecheln? Unberechtigte Angst um dein Lämmchen?
Um euren Sohn, den Murkel? Ganz klar! Scham, weil dein Chef
dich gerade abgebaut, abgewickelt hat? Sicher doch! Man schrieb,
nein: Fallada schrieb das Jahr 1931. Da gab es Millionen arme Kerle
wie dich, von den Strichmädchen an den Bordsteinkanten (sogar
von denen) ignoriert und von den Schupos angeherrscht (noch einmal Originalton Fallada): «Hau ab, Mensch! Mach ein bißchen dalli!»

Der kleine Mann Pinneberg war am Ende, traute sich nicht nach
Hause, trat sich die Sohlen ab auf dem Trottoir der Friedrichstraße.
Aber warum gerade dort?

Acht Jahre nach Falladas Tod, der noch erlebte, daß seines Pinne-
bergs Friedrichstraße im Bombenhagel versank, betrachtete ein ge-
wisser Helmut Hennig 1955 die Meile aus anderem, sozialistischem
Blickwinkel: «Das Bild der weltbekannten Amüsierstraße der bürger-
lich-wilhelminischen Epoche, das typische Bild einer engen, schnur-

geraden Korridorstraße gehört der Vergangenheit an.» Was Hennig, Stellvertreter des Leiters der Meisterwerkstatt Städtebau beim Chefarchitekten von Groß-Berlin, so sein barocker Titel, meinte, war: «Die Friedrichstraße kann in ihrem Profil nicht in unseren Städtebau übernommen werden.» Profil im doppelten Sinne: Querschnitt einer Straße und ihr Gesicht. Zu sehr Amüsierbetrieb war sie vor dem großen Krieg gewesen, zu sehr babylonische Hure, zu wenig proletarische Unschuld, von Mahagonny zu viel und Nowosibirsk nichts, bourgeois eben und streckenweise ein bißchen pinnebergisch kleinbürgerlich.

Kleinen Verhältnissen entstammten auch jene, die das liquide Publikum in der Amüsierstraße animiert hatten, im legendären Wintergarten zum Beispiel: Der Gardelegener Hausierersohn Otto Pfützenreuter alias Otto Reutter, die Wiener Jüdin Friederike Massarik alias Fritzi Massary, Italiens Jongleurssohn Enrico Rastelli oder die langbeinig paradierenden Revuetänzerinnen der Tiller-Girls. Wintergarten, Friedrichstraße: Da lagen unter dem berühmten strahlenden Sternenhimmel die Bretter, die vielen die Welt bedeuteten, die Scheinwelt der Leichtigkeit, des Savoir vivre. Da parkten die Lastwagen der Sektlieferanten. Da entstiegen den Droschken Fräcke und Abendkleider. Da warb die gastronomische Nachbarschaft dafür, den Abend in die Nacht hinein zu verlängern, ob im Pschorr-Haus, im Münchner Löwenbräu, in der Weinstube der Gebrüder Habel, in den Mokka-Kojen des Rochus-Keller, ob im Libelle («Berlins elegantester Tanzpalast, Brennpunkt des Berliner Nachtlebens»), oder beim Strandfest am Nil in Lestmann's Ballhaus an der Chausseestraße. Da, rings um den Wintergarten, aber auch standen sich in den Künstleragenturen die Unbekannten unter den Artisten ihre sehnigen Beine in die hungrigen Bäuche.

Im Linden Cabarett stand eine Gelsenkirchner Kneipierstochter auf der Bühne: Clara Wortmann alias Claire Waldoff, 1905 nahezu unbekannt nach Berlin gekommen. Sie sang in der Passage zwischen Linden und Friedrichstraße, wo heute das Westin Grand Hotel steht. Diese Passage: Nach heutiger, nicht mehr französischer, sondern anglistischer Begrifflichkeit eine «Mall» mit Varietés, Cafés, Festsälen, Ge-

Falladas Friedrichstraße an der Ecke Mohrenstraße, dreißiger Jahre

schäften, einem Wachsfiguren-Panoptikum und Guckkasten-Kintopp («Kaiserpanorama»), eine «Arcade», vom Lauf der Zeit heruntergewirtschaftet, kaputtsaniert, zerbombt, schließlich – 1950 – abgeräumt.

Eine Passage, so die späteren Stadtplaner, sollte in der Friedrichstraße wieder erstehen, ganz anders und anderswo. Platz war, hatten die Trümmerfrauen ihr Werk erst einmal verrichtet, soviel vorhanden, daß eine Verbreiterung der Nord-Süd-Magistrale auf 66 Meter in den Bereich des Möglichen rückte – und streckenweise sogar zu Wege gebracht wurde. Daran erinnert inzwischen nur noch der Platz vor dem Hotel Unter den Linden, und auch der nicht mehr lange. Denn schon steht auch dieser eben 35 Jahre alten Herberge der Abriß, dem kastanienbewachsenen Vorplatz die Überbauung bevor. Die Quadratmeter in der City sind Geldes wert und dürfen nicht für Bäume verschwendet werden.

Dieselben Quadratmeter waren zu nicht-kapitalistischen Zeiten weit weniger wert. Und so verzeichnete der «Aufbauplan für das Zentrum des neuen Berlin» von 1950, der auch das verbreiterte Straßenprofil anstrebte, daneben Grünanlagen, kleinere Platzräume, bauliche Dominanten. Eine solche Reminiszenz der fünfziger Jahre ist das Hochhaus der einstigen Nationaldemokratischen Partei Deutschlands Ecke Mohrenstraße. Seine Zurücksetzung von der alten Fluchtlinie der Friedrichstraße war weniger dem Rang der Partei gezollt, als eben der geplanten neuen Breite der Geschäftsmeile. Heute ist das Gebäude durch die neue Blockrandbebauung völlig verdeckt.

Stellte sich die Friedrichstraße nach östlicher Ansicht 1955 noch als nationale «gemeinsame Aufgabe aller Berliner Architekten», also auch derer in West-Berlin, so verengte sich der Horizont beiderseits bald. Die Teilnehmer des «Ideenwettbewerbs zur sozialistischen Umgestaltung des Zentrums» befaßten sich 1958/59 schon nur noch mit den im «Demokratischen Sektor» liegenden Straßenmetern. Und die Teilnehmer des westlichen «Hauptstadtwettbewerbs» (1957/58) planten zeitlos wacker in den Ostsektor hinein, unbekümmert, ob ihre Pläne je Realität würden. Hans Scharouns Überlegung, den Durchgangsverkehr aus der Friedrichstraße zu bannen, wurde ironischerweise sogar zweimal realisiert: baulich wie vom Architekten geplant, am Mehringplatz, politisch am Checkpoint Charlie. Ein Treppenwitz der Stadtgeschichte.

Im Februar 1984 (Berlins 750-Jahrfeier stand ins Haus) äußerte man sich in der Hauptstadt der DDR allerhöchst konkret – und gleich mit einem Superlativ: «Die Friedrichstraße soll die attraktivste Geschäftsstraße der Hauptstadt werden, und es wird eine Freude, auf ihr zu bummeln.» Hochschwappende, überbordende Lebensfreude pur, angeordnet auf der 15. Bezirksdelegiertenkonferenz Berlin der SED durch niemand geringeren als den Generalsekretär des Zentralkomitees der SED und Vorsitzenden des Staatsrates der DDR, Erich Honecker. Zwei Jahre später setzte er vor der gleichen, nunmehr 16. Konferenz noch eins drauf: «Die Arbeiten haben schon begonnen. Gemeinsam mit Bauleuten aus anderen Bezirken wird vieles bis 1990 fertiggestellt. Mit etwa 4000 neuen Wohnungen, Einrichtungen der sozialen Infrastruktur, der Kultur, des Handels und der Gastronomie wird die Berliner Innenstadt ihre Anziehungskraft mehr denn je entfalten.» Kultur! Gastronomie! Anziehungskraft! Lebenslust!

Und alles «schon begonnen» – teils sogar fertig geworden: das Haus der sowjetischen Wissenschaft und Kultur zum freudigen Austausch unter Freunden, der Friedrichstadtpalast als modernstes Varietégebäude Europas auch für langbeinig exerzierende Revuemädchen, das Grand Hotel für in jedweder Hinsicht potente Valutakunden und ihre in Devisen honorierten Begleiterinnen, das Haus der Unterhaltung mit dem ersten Spielcasino der Hauptstadt der DDR. Rückkehr der Hure Babylon in die Friedrichstadt? Statt, wie von Johannes biblisch offenbart, lästerlich in Purpur und Scharlach gekleidet, nun kostümiert mit der Toga des Tugendwächters sozialistischer Moral?

Es hatte den Anschein, der Dame Babel sollte auch ein sündhaft teurer Konsumtempel geweiht werden, der zwischen Mohren- und Kronenstraße auf der östlichen Seite der attraktivsten Amüsierstraße der Hauptstadt im Entstehen begriffen war: die Friedrichstadtpassage, das Aushängeschild der «Centrum»-Kaufhausorganisation, schon bald nach Aushebung der Baugrube im Frühjahr 1987 auch «KaDeO» genannt. Allein, das scheinbar glasnostige Schaufenster des Ostens wurde nicht fertig.

Es gab nämlich, im Rückblick gesehen, ein Zeitlimit, von dem die sozialistischen Bauherrn nichts ahnen konnten. Was bis 1990 nicht vollendet war, verfiel der danach herrschenden neuen ökonomischen Logik zufolge meist dem Abriß. So auch diese Passage.

Eine verwegene Verkehrsplanung hatte den Baubeginn verzögert. Die Ostberliner BVG plante, den U-Bahntunnel unter der Friedrich- und Chausseestraße in ihr Netz zu integrieren. Dabei stellten sich jedoch mehrere Probleme, ein politisches und zwei technische: Zum einen geisterten durch die Ost-Berliner Röhre seit dem Mauerbau die gelben Züge West-Berlins. Das sollte demnächst ein Ende haben. Zweitens divergierten die Profile der Linie Otto-Grotewohl-

Straße-Pankow und der Bahn unter der Friedrichstraße. Sie mußte man anpassen. Und drittens gab es keine Gleisverbindung der Friedrichstraßenlinie zum Ost-Berliner U-Bahnnetz. Die wurde geschaffen, zumindest die Verbindungsröhre. Zum Durchbruch in die beiden U-Bahntunnel kam es nicht mehr, aber viel Zeit war verstrichen, denn erst nach dem Bau des Verbinders konnten die Arbeiten an der Friedrichstadtpassage beginnen. Die Passage riegelte, indem man Otto-Nuschke- und Johannes-Dieckmann- (alias Jäger- und Tauben-) Straße überbaute, den Gendarmenmarkt von der Friedrichstraße ab. Immerhin 20 000 Quadratmeter waren zu gestalten, ganz eklektizistisch: ein wenig Orient, ein wenig Okzident, teils Alhambra, teils Palast der Republik, teils Basar, teils Kaufhalle. Doch viel länger als 1001 Nächte räumte die Weltgeschichte den Bauarbeitern zur Fertigstellung nicht mehr ein.

Im Herbst 1990 war die Shopping-Moschee zu etwa sechzig Prozent fertig. Es kam die Wende, es kamen die Immobilienhändler, Unternehmer, Investoren, es folgte die große Eile. Jeder verlorene Tag bringt sinkende Rendite. Wozu einen Bebauungsplan erstellen? Man entwickelte einfach keinen. Wozu alte Grundstücksgrenzen beachten? Man erwarb Blockgrundstücke. Wozu abgestufte Traufhöhen, abwechslungsreiche Fassaden? Man schloß die Straßenräume rationell mit viel Glas und wenig Lust am Detail. Wozu noch die begonnene Friedrichstadtpassage? Was der Staatsratsvorsitzende vor ein paar Jahren angekündigt hatte, gehörte einer anderen Epoche an, galt schon seit Urzeiten nicht mehr. Aber das Neubaufragment einfach so abräumen? Gutachter mußten her, um den Abriß zu legitimieren. Und sie legten an die Baustelle aus einer vergangenen Ära die Maßstäbe der neuen Zeit an. Keine Tiefgaragenplätze, zu niedrige Raumhöhen, ungünstige Abstände der Stützpfeiler, schwierige Warenanlieferung: Was ließ sich nicht alles monieren? Kurzum, von März bis August 1992 verschwand die Bauruine für Abrißkosten von 25 Millionen DM. Am 9. Oktober wurde die Grundsteinkassette für den Nachfolgebau eingemauert, und binnen weniger Jahre waren die Blöcke 205 (Architekt Oswald Matthias Ungers), 206 (Henry Cobb) und 207 (Jean Nouvel) hochgezogen. Jäger- und Taubenstraße blieben offen; durch die Passage flanieren kann man nur unterirdisch. Zuerst wurde im Februar 1996 der Block von Jean Nouvel eröffnet – als Galeries Lafayette. Statt Babylonischem Purpur Pariser Chic. Im Keller Austern statt Bauchtanz.

Achtung Bundesgartenschau! Warnschild am Magnetbahnhof Bernburger Straße
für polnische Händler und deutsche Kundschaft, August 1991

Die Bundesgartenschau war zwei Jahre her, die 750-Jahrfeier gerade
verrauscht, die Wiedervereinigung noch nicht angesagt, eine Olym-
piabewerbung außer Denkweite. Stille Zeiten drohten Berlins Westen. Gute Kunde kam da aus Bonn. Der Zentralverband Gartenbau
vergab die Bundesgartenschau für 1995 erneut nach Berlin, nach
zehn Jahren zum zweiten Mal. Mehrere Bundesblumenfeste in der-
selben Stadt, das war, seit in Hannover 1951 die erste Bundesgartenschau stattgefunden hatte, nicht ungewöhnlich. Auch Köln, Kassel,
Stuttgart, Hamburg und Dortmund hatten schon mehrfach Bundes-
gartenschauen oder Internationale Gartenbauausstellungen veranstal-
tet. Nun also «Stadtgrün Berlin» (so das Motto), und zwar mit einem
neuen Konzept, Anfang 1988 vorgestellt: kein Zaun, keine Kassen,
Entree nur in den Ausstellungshallen, gratis Gartenkunst mithin inmitten der Stadt, im Bezirk Tiergarten, mehr oder weniger direkt
entlang der Mauer. Fünf Ausstellungsgebiete sollte es geben.

Zum ersten der Moabiter Werder. So heißt heute ein drainiertes
einstiges Sumpfgebiet im Spreebogen gegenüber der Kongreßhalle.
Sein früherer Name, Pulverwiesen, erinnerte daran, daß bis 1839
nicht weit entfernt jene Mühlen und Magazine standen, die Preus-
sens Gewehre und Kanonen mit Schießpulver fütterten – außerhalb

der Stadt, weil das Produkt höchst sensibel war und manches Mal schon vor der Auslieferung in die Luft ging.

Die Pulverfabrik zog nach Spandau, die Pulverwiesen blieben. An ihrem nördlichen Rand dampften seit 1882 die Züge der Stadtbahn. Jenseits des Viadukts wucherte die Stadt, südlich davon richtete sich der Fiskus ein. Mit dem Zollamt «Packhof» samt Freilade und eigenem Bahnhof, mit dem gewaltigen Niederlagegebäude an der Spree zur zollfreien Lagerung von Gütern, mit dem Hauptsteueramt, Revisionshallen und so fort – das meiste davon im Bombenkrieg und danach zerstört. Durch eine Fußgängerbrücke mit dem Tiergarten verbunden, war hier also für 1995 eine neue Parklandschaft geplant, 18 Hektar groß, 300 Wohnungen, Sport- und Spielplätze hineingestreut. Allein ein Problem bestand. Auf dem Moabiter Werder waren 31 Unternehmen ansässig, die umgesetzt werden mußten. Eine Arbeitsgruppe beim Senator für Stadtentwicklung und Umweltschutz machte sich an die Aufgabe.

Nächster Ausstellungsbereich, vom Moabiter Werder durch die Stadtbahnbögen getrennt: der Kiez an Paul- und Werftstraße, ein Wohngebiet mit teils hundertjähriger Bebauung, die noch aus den Zeiten der Bodenspekulation, der Mietskasernen und ihrer Hinterhöfe stammte. Zu zeigen, wie diese Höfe begrünt werden können, wie die versiegelten Flächen grundstücksweise zusammengelegt, aufgebrochen, bepflanzt und erlebbar gemacht werden können, war eines der spannendsten Vorhaben der Bundesgartenschau. Es war zugleich ein für das «steinerne Berlin» typisches Projekt, Stadtgrün dort zu vermehren, wo es fast nur noch in den Winkeln von Seitenflügeln und Gartenhäusern vegetierte. Die Buga 1995 hätte darin eine gärtnerische Leistungsschau der urbanen Art werden können.

Nächstes Demonstrationsgebiet: eine Stadtbrache zwischen Humboldthafen und Stadtbahn, einst Standort der Pulvermühlen und – später – des Lehrter Bahnhofs. Ganz in seiner Nähe, von den Stadtbahnbögen gleichsam umschlungen, war in der Gründerzeit der Universum-Landesausstellungspark (ULAP) mit zeittypischem Kristallpalast entstanden. Hier stellte Deutschlands boomende Industrie aus. «Ich will Sie nicht mit der Beschreibung der Ausstellung aufhalten,» beruhigte schon Julius Stinde seine Leser in «Familie Buchholz», und seine Heroine Wilhelmine fuhr zweideutig fort: «Nur das muß ich bemerken, daß der Eindruck auf mich wie auf die Kinder ein überwältigender war. Karl, der schon öfter draußen gewesen, kam mir bereits etwas abgehärtet gegen die Schönheiten im allgemeinen und im einzelnen vor.» Zum rechten Verständnis: Wilhelmines Gatte hatte sein Hauptaugenmerk in die Bierseidel und Dirndl auf den

bayrischen Ausstellungs-
stände gelenkt. Hier,
am Busen der mäan-
dernden Spree gewisser-
maßen, sollten 1995 die
gärtnerischen Leistungs-
schauen ihren Platz
haben.

Nächster Bereich der
Exposition: der Große
Tiergarten, ehedem kur-
fürstliches Jagdgebiet,
öffentlicher Park schon
seit den Zeiten des großen Friedrich. Wo der König seinen Baumeister Knobelsdorff symmetrisch Sichtschneisen schlagen, Wege abzir-
keln und Labyrinthe, Salons und Statuetten (berlinerisch: «Puppen»)
in den Wald setzen ließ, zerriß hundert Jahre später Lenné das ba-
rocke Korsett und arrangierte einen Landschaftspark: sonnige Wiesen, schattige Baumgruppen, geschwungene Wege mit überraschen-
den Aussichten, hin und wieder ein vaterländisches Denkmal. Der
Patriotismus steigerte sich auf Wilhelms II. Geheiß zur Siegesallee, in
der der letzte Kaiser seine Ahnherrn in Marmor zur Revue aufstellen ließ – plastischer Geschichtsunterricht sozusagen. Otto der Faule,
Friedrich der Eiserne, Wilhelm der Große: Wie auch immer Hohen-
zollerns Heroen hießen, sie fanden sich von 1954 bis 1979 schmach-
voll neben dem Schloß Bellevue im Sand verbuddelt. Heute ducken
sich die steinernen Helden der Siegesallee vor den ihnen zusetzen-
den Umwelteinflüssen – auch nicht viel standesgemäßer – unter das
schützende Dach eines alten Pumpwerks. Eine Fußnote nur.

Was vom Tiergarten im Blockadewinter in Berlins Heizöfen ver-
feuert und zu landwirtschaftlich-gärtnerischer Produktionsfläche
umgenutzt worden war, wurde hinterher wieder aufgeforstet. Und
nun – vierzig Jahre danach – gab die Bundesgartenschau den An-
laß, Lennés Tiergarten wieder aufblühen zu lassen, den Englischen
und Rosengarten wiederherzustellen, die Große Querallee zu re-
konstruieren, die John-Foster-Dulles-Allee zu renaturieren.

Letztes Demonstrationsgebiet: das an den Tiergarten anrainende
verwunschene Diplomatenviertel zwischen Landwehrkanal und
Tiergartenstraße. Wer in Nostalgie und Romantik schwelgte, konnte
hier zwischen Robinienhainen und überwucherten Bordsteinkanten vergangenen Tagen nachsinnen, da man in den bröckelnden
Botschaftsgebäuden noch Cut und Zylinder trug. Hatte man nicht

in Japans architektonischer Monstrosität den Weltkrieg im Pazifik gefeiert? Hatte man nicht in Italiens Palazzo das Glas erhoben auf «die Freundschaft und Solidarität zwischen dem faschistischen Italien und dem nationalsozialistischen Deutschland, eine Solidarität, die durch das gemeinsam auf den Schlachtfeldern vergossene Blut noch fester geschmiedet worden ist [und] dazu beiträgt, die im Gange befindliche Verwirklichung der neuen Weltordnung, die mit den Namen Adolf Hitler und Benito Mussolini verknüpft ist, zu beschleunigen.» Gesprochen von Unterstaatssekretär Woermann vom Auswärtigen Amt zur Einweihung der neuen italienischen Botschaft im Mai 1941. Der Versuch der neuen Weltordnung: Er hatte ins Chaos geführt. Im Diplomatenviertel herrschte dieses noch lange nach Versuchsende. Die repräsentativen Botschaftsgebäude, manche bereits im Eigentum des Landes, manche zum Kauf angeboten, erregten die Phantasie der Planer. Da war die italienische Botschaft mal im Gespräch als Naturkundemuseum, mal als Standort der Akademie der Wissenschaften. Da ließen die Japaner ihre alte Gesandtschaft 1986/87 komplett abreißen und als Japanisch-Deutsches Zentrum fast originalgetreu wiederaufbauen. Aber das restliche Gelände? Sechstausend Wohnungen wollte das Land Berlin in den siebziger Jahren bauen, dann doch nicht. Eine Bauausstellung? Ja, und dann doch nur zum Teil, an der Rauchstraße. Joseph Paul Kleihue 1977: «Auch eine zweite Interbau könnte kaum eine städtebaulich überzeugende Nutzung des heutigen Ödlandes einleiten.»

Nun also, zur Bundesgartenschau 1995, war eine Parkanlage mit Spiel- und Freizeitflächen im Gespräch und eine Sonderschau «Internationale Gartenkunst» mit japanischen, italienischen, chinesischen und türkischen Gärten sollte auf den historischen Boden Bezug nehmen. Und dann doch nicht.

Denn kaum war die «Bundesgartenschau Berlin 1995» als Gesellschaft gegründet, kaum hatte der Immobilienmarkt seine Preise auf die neue Situation eingestellt, kaum waren erste Gutachten eingeholt, erste Entwürfe (unter anderem für ein 23geschossiges Wohnhaus auf dem Moabiter Werder) prämiert, gab es bereits ein neues Konzept. Im Januar 1989 hatten Abgeordnetenhauswahlen ein überraschendes Ende gefunden, eine rot-grüne Mehrheit. Die neue, alternative Umweltsenatorin Michaele Schreyer ließ sogleich die alten Gartenschauplanungen ummodeln und am 31. Oktober 1989 im Senat absegnen. Und so sah das neue Konzept aus: Auf dem Moabiter Werder 1200 Wohnungen und nur noch ein kleines Wäldchen nebst einem Parkstreifen am Spreeufer. Unverändert blieb das Hofbegrünungsprojekt ungeachtet der Proteste von Anwohnern, die dem Park ihre Parkplätze nicht opfern wollten. Den Humboldthafen sollten Ausstellungshallen, -zelte und ein Blumenteppich säumen. Mit dem Tiergarten hatte die Buga GmbH nicht mehr viel, mit dem Diplomatenviertel gar nichts mehr vor.

Dafür sollte eine «Grüntangente» von Schöneberg bis zum Spreebogen am Reichstagsgebäude reichen und allerorten zurückgewonnene Natur miteinander verbinden: das Schöneberger Südgelände, das Gleisdreieck, das Gelände des Potsdamer Bahnhofs, wo fliegende Händler aus Polen staubige Ware feil hielten, einen Stadtpark am Potsdamer Platz (vielleicht ließe sich der S-Bahnhof als Grenzübergangsstelle öffnen), das im Jahr zuvor für 76 Millionen DM von der DDR erworbene Lennédreieck und zuletzt das Alsenviertel. So weit die Umweltsenatorin am 1. November 1989.

Der Grenzübergang am Potsdamer Platz war schneller eröffnet als gedacht, elf Tage später, am 12. November 1989, und unter dem Picken der Mauerspechte zerkrümelte Berlins Hauptsehenswürdigkeit. Es sah so aus, als würde die Berliner Bundesgartenschau die erste gesamtdeutsche werden. Denn jetzt rückten auch der Invalidenfriedhof, der Invalidenpark, der Monbijoupark und die Ministergärten an der Otto-Grotewohl-Straße in Betracht.

Doch dauerte es nicht lange, da traten auch die ersten Immobilieninteressenten auf den Plan, sekundiert von Bausenator Wolfgang Nagel. Er schlug im Frühjahr 1990 die Verlegung der Bundesgartenschau nach Hellersdorf ins Wuhletal vor.

Endlich, am 22. März 1991, stellte der Aufsichtsrat der Bundesgartenschau Berlin 1995 GmbH die «endgültige Planung» vor. Die zentralen Bereiche kamen darin nicht mehr vor, dafür neue Flächen in Mitte. Im August beschloß der Senat, diese endgültige Planung endgültig aufzugeben, zwei Monate, nachdem Berlin zur Bundeshauptstadt gewählt worden war, zwei Monate, nachdem die Bundesgartenschau-Gesellschaft einen 5,7 Millionen DM teuren Neubau bezogen hatte. An Gesamtkosten für das abgesagte Gartenfest waren bis dahin 27 Millionen DM aufgelaufen. Die Bundesgartenschau fand 1995 in Cottbus statt. Endgültig.

Die Massen strömen schon: Der Eingang zur Olympiahalle
von der Chausseestraße (Entwurf: Toni Sachs + Pfeiffer, Berlin)

Bei Zeus! Er, der Präsident des wahren, weil göttlichen Olympischen Komitees hat, wenn Deutsche seine Spiele veranstalten wollten, das Land der Germanen stets mit dunklem Dunst bedeckt. Das war 1916 so, als er Ares schickte, um die Jugend der Welt statt – wie verabredet – in das schöne neue Stadion im Berliner Grunewald in die Granattrichter vor Verdun zu rufen. Das war 1936 so, als der Kriegsgott seine friedliche Kollegin Eirene zum Schein nach Berlin sandte, während er die Veranstalter der Spiele den nächsten Waffengang vorbereiten ließ. Und das war 1972 so, als das Morden im Münchener Olympischen Dorf selbst stattfand. Wie es 2000 gewesen wäre, wissen wir nicht, denn obwohl für jenes Jahr die Halbgötter der Polis Berlin die Huld des Olympischen Komitees erflehten, wandten dessen gut geschmierte Göttergleichen ihre Gunst anderen zu.

Die olympische Flamme nach Berlin zu holen, gründeten neun kaufmännisch denkende Berliner Titanen Anfang August 1983 den Verein «Berlin – Olympiastadt 1992 e.V.». Das Echo in der politischen Klasse war erstaunlich. Jawohl, dieses Projekt könnte Realität werden, sprachen im Chor die Wortführer auf der Agora: Abgeordnetenhauspräsident, Landessportdirektor, Landessportbundpräsident, Sportsenatorin und – etwas skeptischer – der führende nationale Olympionike NOK-Präsident Willi Daume, mit um so überzeugterem Brustton dagegen Innensenator und Bürgermeister Heinrich

Lummer: «Die örtlichen Voraussetzungen sind gegeben, schließlich haben wir das herrlichste Stadion der Welt.» Warum, so Lummer, nicht gar Olympische Spiele in beiden Hälften der Polis – Völkerfreundschaft systemübergreifend? Die Idee des Bürgermeisters aus dem Jahre 1984 verhallte nahezu ungehört, kam aber drei Jahre später als großartige Vision aus Amerika auf den Markt der Möglichkeiten. Ronald Reagan («Mr Gorbachev, tear down this wall!») schlug bei seinem Berlin-Besuch genau dies vor. Es war am 12. Juni 1987. Noch niemand, am wenigsten der strahlende Sohn Thalias aus dem Weißen Haus, konnte wissen, daß Mr Gorbachev so ein Böser nicht war. Noch ahnten auch in der Deutschen Demokratischen Res publica die proletarischen Erdlinge nicht, daß sie kurz davor waren, vom Leben bestraft zu werden. Mit Olympia in beiden Teilen Berlins, tönte es also aus dem Präsidium des Deutschen Turn- und Sportbundes der DDR, sollen «wie schon einmal in Berlin unter anderen historischen Bezügen Olympische Spiele für gemeingefährliche Machenschaften mißbraucht werden.»

Das Thema blieb auf der Agenda. George Bush d.Ä. und Mihail Gorbatschow, die Freunde von beiden Seiten des korrodierenden Eisernen Vorhangs, sprachen sich Ende 1989 für eine gemeinsame Ost- und West-Berliner Bewerbung zu den Olympischen Spielen 2004, wenn nicht gar schon für 2000, aus. Sofort gelangte der Plan auf den Tisch des Sportausschusses des Deutschen Bundestages. Nun, Anfang 1990, war auch die frisch eingewechselte neue Mannschaft des Nationalen Olympischen Komitees der DDR dafür, die Altherrenriege des westdeutschen NOK sowieso, wenn auch nach wie vor skeptisch. Die Idee wurde politisch und sportpolitisch unterstützt und ernsthaft weiterverfolgt, konzeptionell ausgebaut.

Prometheus und seine Titanen richteten ihr Olympiabüro in der sechsten Etage des himmelwärts gestrebten Hotels Stadt Berlin am Alexanderplatz ein. Als Kerngedanken der Berliner Bewerbung wollten sie die Stadt «als Symbol für die friedliche Vereinigung darstellen und damit den Olympischen Gedanken des menschlichen Verstehens und des Friedens zwischen den Völkern hervorheben.» Und wenn nebenher noch ein paar Mark zu verdienen waren, durch wen auch immer, durch Stadt und Staat jedenfalls nicht: um so besser. Entsprechend rege äußerte sich die Wirtschaft, vor allem die Bauwirtschaft. Denn was in der Hoteletage an Konzepten auf den Tischen lag, war Milliarden wert. Da brauchte man einen Olympia-Expreß, achtzehn Kilometer auf Schienen. Da sollte das Olympiastadion, Jahrgang 1936, saniert werden. Da brauchte die Deutschlandhalle, Jahrgang 1935, dringend eine Modernisierung. Da benötigte man eine Sporthalle und ein Baseballstadion für 10 000 Zuschauer im Friedrich-Ludwig-Jahn-Sportpark. Da mußte ein Olympisches Dorf her, ganz in die Nähe des großen Stadions, und ein Mediendorf an den Westhafen und sternreiche Spitzenhotels für die olympische Familie, Kampfrichter und solche Gefolgschaft, die der Jugend der Welt altersbedingt nur noch amateurhaft als Funktionäre von den Ehrentribünen aus folgen konnte. Da beschloß der Senat am 30. Juli 1991, für den Bau der Großsporthallen DDR-Geschichte gleich hektarweise platt zu machen: eine Schwimm- und Sprunghalle an die Stelle des Karl-Friedrich-Friesen-Stadions, Jahrgang 1951, eine Radsportarena an den Ort der Werner-Seelenbinder-Halle, Jahrgang 1950, eine Olympiahalle auf das Grundstück des abgeräumten Stadions der Weltjugend, ehedem Walter-Ulbricht-Stadion, Jahrgang 1950. Das ganze für etwa 3,2 Milliarden Deutscher Mark. «Und ich möchte betonen», betonte der Chef der Berliner Sportverwaltung Jürgen Kießling, «daß wir diese Projekte auch realisieren, wenn wir nicht den Zuschlag des IOC erhalten.» Und er betonte noch einmal: «Also: Ob Olympische Spiele nach Berlin kommen oder nicht, das ist für den Bau nicht ausschlaggebend.»

Markige Worte, und dennoch: Ein stärkerer Titan als Kießling es war, wurde gebraucht. Lutz Grüttke hieß der neue Prometheus, und er wurde Geschäftsführer der im Juli 1991 gegründeten Olympia Berlin GmbH.

Der Olymp muß gebebt haben unter dem Lachen der Götter. Denn hier ging, fast im Sinne Coubertins, ein Amateur ans Werk, ganz unprofessionell, proper gekleidet, entgegen den Ideen des Franzosen jedoch gigantisch bezahlt: 290 000 DM per annum hätte er erhalten, wenn er nicht schon nach 159 Tagen den Chefsessel hätte räumen müssen.

Arkadiens Haine hallten wider vom Jubel und Gejohle der höhnenden Satyrn. Denn bald, im Februar 1992, machte sich ein Dritter ans Feuerholen: Axel Nawrocki, ein politischer Verpflegungsfall. Noch gigantischer als Grüttkes Jahressalär war seines: 360 000 DM für die bis zum 31. Dezember 1993 befristete Stelle – plus 90 000 DM für 1994. Und sein Mit-Titan erst, der ehemalige Schwimmstern Michael Groß: 3000 DM täglich für die Bestellung und Betreuung der Olympiabotschafter. Eine – selbstverständlich ehrenamtliche – Botschafterin, die einstige Hochspringerin Ulrike Meyfarth schrieb ihm, warum sie nicht mehr Botenfrau sein wolle: «Nicht daß ich Dir Dein Honorar neide. Aber als angemessen – abgestellt auf den Umfang Deiner Tätigkeit – kann man es ebenso wenig bezeichnen wie – bezogen auf Deine Person – als branchenüblich.»

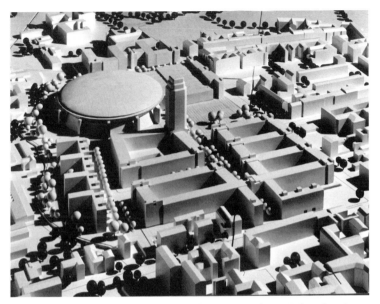

Das Olympiaquartier aus der Vogelperspektive. Entwürfe von Lohan Associates (Chicago) und Albert Speer + Partner (Frankfurt am Main)

Zeus, dein Zwerchfell: Nawrocki Axel und seine Olympier. Knickerig waren sie nicht, wenn es um die gute Sache ging. Die Zuschüsse aus der Kasse der Olympia Berlin GmbH: Sie kosteten ein Lächeln. Für die Gutachten, die doppelt angefordert und doppelt bezahlt wurden. 800 000 DM für das olympische Motto. Eine halbe Million für eine Fotoausstellung, eine Viertelmillion für musikalische «Heimatklänge» im Tempodrom, eine knappe halbe Million für «Lateinamerikanische Wochen». Anspruch auf Gaben aus der Olympiaschatulle hatte nahezu jede Veranstaltung, die das Logo, ein pekinggelb lächelndes Bärchen, im Schilde führte.

Übersehen wir die Prügeleien zwischen Polizisten und Protestierenden bei den Demonstrationen gegen das Fest des Friedens, die Brandanschläge, die Drohungen des «Kommandos Axel Nawrocki». Vergessen wir auch die hermetische Bewachung des Exekutivkomitees des IOC, der Prüfungskommission, die Anbiederungen an den IOC-Präsidenten, die angemessen teuren Werbegeschenke, die Freiflüge. Sprechen wir nicht über die Weltreise des Herrn Wallwork, stimmberechtigten IOC-Mitglieds aus Westsamoa, und vor allem die seines nicht stimmberechtigten Bruders, die in alle Weltteile führte, nur nicht nach Berlin, von wo aus der Rundflug mit 16 888 Schweizer Franken bezahlt wurde. Bitten wir Zeus um Vergebung für das Dinner am Pergamonaltar und die dort vor dem spanischen

IOC-Gott Samaranch tanzenden Tempeljungfern. Wenden wir unseren Blick dezent von der Datei der Saufgewohnheiten und erotischen Neigungen der 94 zu verwöhnenden IOC-Mitglieder, Daten, die die Olympia GmbH so vertraulich pflegte, daß plötzlich die Medien voll davon waren. Sehen wir den Olympia GmbH-Mitarbeitern den wohlverdienten einwöchigen Betriebsausflug Richtung Acapulco nach, wo sie im November 1992 den versammelten NOK- und IOC-Mitgliedern Berlin präsentierten und ihr Chef, Prometheus Nawrocki, danach allen Ernstes erklärte, die Chancen der Berliner Bewerbung seien grenzenlos gestiegen. Es war, als wollte sich Zeus für die Strapazierung seines Zwerchfells rächen, als die Weisen im Senat Pandoras Büchse öffneten und den steuernzahlenden Demos verpflichteten, neun Milliarden DM an Investitionen auf dem Altar Olympias zu opfern, falls die Flamme von dort nach Berlin getragen würde.

Eine der Investitionen, die − wie immer wieder betont wurde − in jedem Fall getätigt würde, war die zentrale Olympiahalle. Diese Arena für fünfzehn- bis zwanzigtausend Zuschauer, deren Kosten man mit etwa anderthalb Milliarden DM veranschlagte, sollte privat finanziert und betrieben werden. Anfang 1992 wurden aus einem internationalen Investorenwettbewerb die Entwürfe und Konzepte dreier Bewerbergemeinschaften in die engere Auswahl genommen.

Wie sich in den Verhandlungen bald herausstellte, erwarteten die Investoren, daß die öffentliche Hand großzügig helfend selbst mit zupackte, sprich: entweder eine halbe Milliarde DM den Baukosten zuschoß oder den Investoren das dreizehn Hektar große Grundstück des abgeräumten Stadions der Weltjugend übereignete, außerdem auf alle Vermarktungsrechte und auf alle Einkünfte aus den auf 180 000 Quadratmeter Geschoßfläche vermieteten Gewerberäumen und Hotels und Wohnungen, die rings um die Olympiahalle miterrichtet werden sollten, verzichtete. Die Senatsvertreter legten hingegen Wert darauf, daß die multifunktionale Halle bei maximal 1500 Parkplätzen einen direkten Zugang zur U-Bahn erhielt, an einen noch anzulegenden Pankegrünzug angebunden wurde und sich in die Umgebung einpaßte, «berlintypisch», wie es hieß. Dazu durfte der Investor mit der Bebauung der angrenzenden Habersathstraße nach Belieben verfahren, möglichst sollte er aber die vorhandenen Wohnhäuser nicht abreißen. War dies unumgänglich, so hätte der Senat für Ersatzwohnraum zu sorgen gehabt. Neuer Wohnraum sollte im Sozialen Wohnungsbau entstehen.

Während Abrißarbeiter von Juli bis September 1992 das Stadion der Weltjugend für 32 Millionen DM zügig auseinandernahmen, den Bauschutt säuberlich trennten und entsorgten, kamen die Verhandlungen zwischen den Interessenten und dem Senat nicht voran. Die Öffentlichkeit erwartete die Bekanntgabe des Investoren zum 1. Februar, dann im Mai, dann Ende August. Anfang Dezember 1992 wurde er vorgestellt, ein deutsch-schwedisches Konsortium, die DG Immobilien/SIAB/Pan.

Auch mit diesem einen Finanzgeber kamen die Verhandlungen nicht vom Fleck. Die nüchternen Unternehmer teilten den ungebrochenen Optimismus der öffentlichen Berliner Meinungsmacher nicht, welcher Ort Olympia 2000 sein werde. Abwarten also. Als frühester Baubeginn für das «Schmuckstück der Berliner Olympia-2000-Bewerbung» rückte der Herbst 1993 ins Blickfeld, nachdem das Votum für Berlin gefallen sein würde. Bis 1996 sollte die Halle fertig sein, auch wenn Berlin nicht den Zuschlag erhielt, wie offiziell erneut betont wurde.

Berlin erhielt den Zuschlag nicht. Stille herrschte am 23. September 1993 um 20.28 Uhr unter den Fünfzigtausend auf dem Pariser Platz, als das Abstimmungsergebnis des IOC aus Monaco direkt auf eine Leinwand vor dem Brandenburger Tor projiziert wurde. Das angesagte Volksfest war geplatzt, das Fest der Völker fand in Sydney statt.

Die Begeisterung des Investors für die Olympiahalle erlahmte rasch. Im Oktober 1994 wurde das Planungsressort für das Olympiaquartier aufgelöst, 1,6 Millionen DM hatte es gekostet, schätzungsweise etwa 200 Millionen die ganze Olympia-Bewerbung (56 Millionen waren kalkuliert worden).

Und die Olympia Berlin GmbH? Ende 1993 aufgelöst, hinterließ sie im Ribbeckhaus in der Breiten Straße zweihundert geschredderte Aktenmeter, siebzehn Millionen DM Ausgaben, aber für nur 3,8 Millionen Belege. Nawrocki hat das olympische Feuer nicht gebracht. Göttervater Zeus konnte es zufrieden sein und im Fall dieses Berliner Prometheus' von einer Bestrafung absehen. So und nur so ist die Entlastung des Geschäftsführers zu erklären. Nicht wie sein sagenhafter Vorgänger 30 000 Jahre nach Kaukasien, keine Felsankettung, keine Exstirpation seiner Leber also. Stattdessen eine Einmalzahlung von 50 000 DM zum Ausgleich für nicht genommenen Urlaub und, per 1. Januar 1994, die Beförderung zum Geschäftsführer der neu gebildeten Berliner S-Bahn GmbH. Wie mahnte schon Homer: «Nie mag ja ein Mann Zeus hindern am Ratschluß, auch der Gewaltigste nicht; denn er ist mächtig vor allen.»

*Höhenvergleich 1991 und 1912: World Trade Center
und ehemalige Schwedische Gesandtschaft an der Rauchstraße*

Leider gibt es sie nicht mehr, die guten alten Adreßbücher. Wer sie
zu lesen verstand, entdeckte Kurzgeschichten zuhauf. Jede Adresse,
jede Straße und Hausnummer eine short story mit Namen und Be-
rufen, häufig abgekürzt. Die «Frau» und der «Rentier», die «Sekr.»
und der «Kunstmaler» (Wo hängen seine Bilder?), ein «Kaufmann»,
immer wieder ein «Kaufm.», meist sogar mit «T» (Telefon). Und vor-
neweg stets «E.», der Eigentümer des guten Hauses.

Der Berliner Westen an Zoo und Tiergarten war eine noble Adresse, und das Anschriftenregister las sich von Zeit zu Zeit wie das
«Who is who» der Berliner Gesellschaft. Wir begegnen in der Corneliusstraße dem Historiker Wilhelm Wattenbach, dem Bestsellerau-
tor Hanns Heinz Ewers, dem Juristen Albrecht Wilhelm Jebens und
Marie von Bunsen, der Schriftstellerin. Um die Ecke in der Frie-
drich-Wilhelm-Straße (heute Klingelhöferstraße) wohnten die sozialdemokratische Frauenrechtlerin Lily Braun, der Weltkriegsstratege
Alfred Graf von Schlieffen, der Sezessionist Rudolf Grossmann und
Aida Stukering, Schauspielerin. Den Bildhauer Reinhold Begas finden wir in der Stülerstraße, den Theaterintendanten Hein Salten-
burg in der Rauchstraße und den Architekten Otto Bartning in der
Hansemannstraße, die es nicht mehr gibt. Zwischen ihnen die Ge-
sandten Rumäniens, Schwedens, Finnlands, Ungarns, Thailands und
der Tschechoslowakei (so lange es sie noch gab). Auf den stillen,
vornehmen Straßen grüßten sich Anfang der vierziger Jahre die Ba-
ronin von Korff-Schmiesing und die Gräfin Schwerin, Baron von

Manteuffel-Szoege und die schottische Gräfin MacLean of Collen. Und zwischen ihnen huschten, mit Schürze und Einkaufskorb, die Dienstmädchen, hier ebenso ansässig, übergangen jedoch, keines Adreßbuchs würdig.

Es genügte eine Bombennacht im November 1943, um dem Leben und Treiben ein Ende zu bereiten. Schadensbericht der Baupolizei 1949 für das Haus Corneliusstraße 9: «Sämtliches Mauerwerk über Erdgeschoß (1. Etage) durchgehend gerissen. Einreißen. Die an der Ecke befindl. Restbauteile gefährden insbesondere zur Seite Stülerstr. den öffentl. Verkehr.» Wenige Jahre noch, und der Ort ist restlos vom Erdboden getilgt. Notiz in einer Bauakte für ein Grundstück der heute nicht mehr vorhandenen Hansemannstraße 1952: «Wir haben festgestellt, daß die Firmen Schubert und Giertz nicht nur die Grundstücke in der Hansemannstr. enttrümmern, sondern diese Straße außerdem völlig ausschlachten. So sind z.B. die Bordschwellen fast alle beseitigt worden, der Asphaltbelag ist ca. zu 50 % entfernt, ca. 60 qm Unterpflaster sind aufgenommen und z. T. mit Trümmerschutt verfüllt worden.»

Das Klingelhöfer-Dreieck danach: ein kahler Ort. An der Rauchstraße 25 eine einsame, erhalten gebliebene Villa von 1912, einst Sitz der schwedischen Gesandtschaft. An der Klingelhöferstraße eine Imbißbude, an der nächtens Taxikutscher, Fernfahrer und die Prostituierten der Tiergartenstraße bei einer Currywurst Erlebnisse austauschten. Und zum Frühlings- und Oktoberfest Rummelbuden, Riesenräder und Geisterbahnen. Dann wieder Leere. Bauerwartungsland. Und immer wieder Pläne, wie mit der etwa 40 000 Quadratmeter großen Stadtbrache zu verfahren sei: im Jahre 1978 ein städtebaulicher Wettbewerb des Landes Berlin für den Neubau des Kammergerichts. Die Jury empfiehlt, den Entwurf des dänischen Architekten Henning Larsen zu verfolgen: Wohnbebauung mit vier bis fünf Geschossen an den Straßenrändern, Türme mit neun bis zwölf Etagen im Inneren der Anlage, Grünanbindung an den Tiergarten. Die IBA-Bauten westlich der Stülerstraße nahmen auf diesen Entwurf Bezug. Doch auf dem Klingelhöfer-Dreieck blieb es bei Würstchen, Walzerbahn und Würfelbude.

Dann der Oktober 1990. Bausenator Wolfgang Nagel stolziert mit einem «herausragenden baulichen Projekt» an die Öffentlichkeit. Nichts kleineres als ein World Trade Center soll gebaut werden. Kostenschätzung: 300 bis 350 Millionen Mark. Henning Larsen möge zu diesem Zweck seinen alten Entwurf aktualisieren, der Berliner Architekt Hasso Windeck ihm dabei helfen. Also: Das Areal soll flankiert werden von 180 Wohnungen an der Corneliusstraße und 150 Wohnungen am Tiergarten. Der eigentliche Komplex des World Trade Centers südlich der Rauchstraße wird bei einer Bruttogeschoßfläche von 50 000 Quadratmetern Dienstleistungseinrichtungen, Büros und einen Einkaufsmarkt vereinen. Eine Studie wird auch für die nördlich der Rauchstraße liegenden 8400 Quadratmeter erstellt.

Zum Verständnis: Den geschützten Namen «World Trade Center» verwaltet die «World Trade Centers Association», eine internationale Vereinigung von Geschäftsleuten, die sich die Organisation, Förderung und Entwicklung von Handelsbeziehungen auf internationaler Ebene zum Ziel gesetzt hat und Dienstleistungen für kleinere und mittlere Unternehmen anbietet. Seinerzeit existierten in 57 Ländern insgesamt 193 solche Handelszentren, in der Bundesrepublik nur ein kleines in Gelsenkirchen. Eine Lizenz zur Errichtung eines weiteren deutschen World Trade Centers hatte die zur Philipp-Holzmann-Gruppe gehörende Held & Franke Bau AG schon Anfang 1989 erworben. Die Zustimmung des Präsidenten der World Trade Centers Association in New York, Guy Tozzoli, lag vor.

Held & Franke, die Senatsverwaltung für Bau- und Wohnungswesen und die Industrie- und Wohnbau Groth & Graalfs GmbH als Bauträger für die Wohnungen am Landwehrkanal luden elf Architekten, unter ihnen auch Henning Larsen, zu einem Wettbewerb ein. Am 7. November 1991 wurden die Sieger vorgestellt, Hilde Léon und Konrad Wohlhage.

Gelobt wurde deren Sensibilität und städtebauliche Raffinesse, mit der sie das vorhandene Bebauungsmuster des Gebietes aufnahmen und das Thema Straße-Platz-Block neu definierten. Dabei berücksichtigten die Architekten − bei aller Originalität ihres Entwurfs − die Berliner Bautradition mit ihrer Blockrandbebauung. So sollte der Rand der Klingelhöferstraße zwar bebaut werden − aber mit drei unterschiedlichen Baukörpern, einer Zeile, einem Solitär und einem Block, interessant gestaffelt. Der Innenbereich des Grundstücks blieb geöffnet: zum einen zu den anrainenden Straßen, zum anderen zum Landwehrkanal hin, so daß auch hier, innerstädtisch am Wasser «Stadtleben» hätte entstehen können. Ein dreieckiges Gebäude bildete den Mittelpunkt des Areals. Von hier sollten die umliegenden Büros bedient werden. Insgesamt wurde der Entwurf als ein Beispiel unaufdringlicher, unmonumentaler, nicht modischer, sondern moderner Architektur gepriesen.

Der Baubeginn war für Frühjahr 1992 vorgesehen. Unklar war noch der Preis für die 20 900 landeseigenen Quadratmeter, und daran scheiterte die Unternehmung schließlich. «Nach Anflug auf Berlin drehen Investoren ab», titelte die Berliner tageszeitung am 11.

August 1994. Held & Franke und Philipp Holzmann zogen sich von dem, inzwischen auf 400 Millionen DM veranschlagten, Projekt bald zurück. Den vom Land Berlin verlangten Quadratmeterpreis von 8500 DM waren sie nicht bereit zu zahlen, zumal die Renditeerwartung von 40 DM pro Quadratmeter ihre Vorstellungen völlig unterlief. Die Suche nach einem neuen Investor für die 69 000 Quadratmeter Bruttogeschoßfläche bei unverändertem Nutzungskonzept war erfolglos und wurde Anfang 1995 offiziell beendet. Der Bausenator gab das Verfahren an seinen Kollegen von der Stadtentwicklung zurück.

Der lobte einen mit 30 000 DM dotierten städtebaulichen Ideenwettbewerb Klingelhöfer-Dreieck Süd (nördlich der Rauchstraße waren bereits die Nordischen Botschaften im Bau) aus und vergab am 13. November 1995 den ersten Preis an die Architekten Hildebrand Machleidt und Partner und Walther Stepp mit Klaus Schäfer, und die Landschaftsarchitekten Susanne Burger und Stefan Tischer.

Das Handelszentrum nach allen Seiten offen (Entwurf: Hilde Léon und Konrad Wohlhage)

Nachdem die Grundstückspreise deutlich gefallen waren, kaufte der Bauträger, die Industrie- und Wohnbau Groth & Graalfs GmbH, 1998 das Areal und ließ den preisgekrönten Entwurf für 370 Millionen DM realisieren. Am 28. Mai 1998 war Baubeginn. Entstanden ist eine Synthese des typischen Berliner Blocks mit dem Typ des freistehenden städtischen Hauses. An die Stüler- und Corneliusstraße plazierten die Architekten individuelle Residenzen für etwa 160 Eigentumswohnungen höchsten Komforts (bis zu vier Meter Raumhöhe!), deren einige bei Quadratmeterpreisen um die 5000 Euro noch Käufer suchen. Die Rauch- und Klingelhöferstraße säumen repräsentative Residenzen für Bundesverbände, die am 16. Juni 2000 eröffnete Bundesgeschäftsstelle der CDU (Architekten: Petzinka, Pink und Partner) und die Botschaften Malaysias, Malta, Luxemburg und Mexikos. Letztere präsentiert sich auf eigener Liegenschaft futuristisch (Architekten Teodoro Gonzales de Leon und Francisco Serrano).

In der Mitte liegt intim ein 7000 Quadratmeter großer «Pocketpark», diskret von der Außenwelt abgeriegelt. Das Klingelhöfer-Dreieck erscheint exterritorial. Von Stadtleben, das ein World Trade Center mit sich gebracht hätte, kein Laut.

*Über das Ziel hinausgeschossen: Am 19. Dezember 1988 durchbrach
die Magnetbahn die Endstation Kemperplatz*

«Der Weg von Hamburg nach Berlin. – Von diesem ist schwerlich
mehr zu sagen, als daß er der langweiligste von der Welt ist», notierte 1796 Wilhelm von Humboldt. In der Tat, wovon sein Bruder
Alexander später berichtet, von Naturabenteuern, wie die an Chim-
borazo und Amazonas: auf den dreihundert Kilometern zwischen
Hansestadt und Preußenresidenz keine Spur. Kein ewiger Schnee
auf den Vulkankuppen Lauenburgs, kein tropischer Regen im
Dschungel des Sachsenwalds. Schroffe Schluchten in Mecklenburg,
unendliche Savannen in der Prignitz, Kaimane an den Gestaden der
Havel – nichts von alledem.

Als zwei Jahrhunderte später Pioniere der Verkehrstechnik sich an
Humboldts langweiliger Reiseroute zu schaffen machten, schien die
Zeit etwaiger Abenteuer endgültig vorbei. Raubritter vom Schlage
derer von Quitzow gab es nicht mehr. Vorbei waren die Zeiten der
im märkischen Sand oder – je nach Witterung – im Schlamm ver-
sackenden Postkutschen, die Haufen flüchtiger Habseligkeiten, die
von Ruhleben über Hamburg per Hapag & Lloyd dem rettenden
Amerika entgegenfieberten. Vorbei waren die Fahrten der teuren
Teppiche oder – je nach Fahrtrichtung – gehamsterten Kartoffeln,
die Platz nahmen auf den Wagendächern einer Reichsbahn, die

ihren Namen nicht mehr verdiente. Vorbei war das für die Erlangung eines Transitvisums gehorsamst sich entblößende linke Ohr und der eingeschüchterte Vopos-folgen-uns-Blick auf der F5, inzwischen als B5 neu buchstabiert. Vergangenheit war auch der in 98 Minuten zwischen Bergedorf und Spandau erfochtene «Sieg der deutschen Technik», Kruckenbergs stromlinienförmiger Schienenzeppelin, der mit einem Propeller am Heck gegen zwei Flugzeuge um die Wette fuhr. So geschehen im Juni 1931. Gut drei Jahre später erwarb der Diplomingenieur Hermann Kemper unter der Nummer DRP 643 316 ein Reichspatent für eine «Schwebebahn mit räderlosen Fahrzeugen, die an eisernen Fahrschienen mittels magnetischer Felder schwebend entlang geführt werden.»

Nun also zum Ende des Jahrtausends, Deutschland ist soeben wieder einmal vereinigt, folgte doch noch ein Abenteuer zwischen Berlin und Hamburg, ein finanzielles diesmal.

Kempers Überlegungen hatten in der Zwischenzeit zu einem verblüffenden Verkehrsmittel geführt, eines ohne Räder: die Magnetschwebebahn. Elektromagnete lassen den Zug in zehn Millimetern Abstand von den Schienen berührungsfrei schweben. Keine Reibung, kein Verschleiß, kein Quietschen mehr. Auch der Antrieb versetzt in Erstaunen: Er befindet sich nicht im Fahrzeug, sondern im Fahrweg. Dort wird ein elektromagnetisches Wanderfeld erzeugt, das fortschreitend auf die Magnete des Fahrzeugs wirkt und sie anzieht, folglich die Bahn vorwärts oder bei Umpolung rückwärts bewegt. Und das kann sehr schnell gehen. Auf der Teststrecke im Emsland maß man 1993 für den Transrapid ein Tempo, das ihn binnen einer Stunde 450 Kilometer weit getrieben hätte, wäre nur die Testschleife länger als 31 1/2 Kilometer gewesen.

Jene Versuchsanlage zwischen Lathen und Dörpen war zu kurz, um einem staunenden Publikum dies Produkt deutscher Technik zum Kauf anzupreisen und dabei schneller als die lächelnde Konkurrenz im Land der aufgehenden Sonne zu sein. Kurzum, eine Transrapid-Verbindung zwischen Hamburg und Berlin kam ins Gespräch – und dann ins Gerede. Es schien, als ob in Berlin ein Verkehrsmittel fröhliche Urständ feierte, das dortselbst eben erst abmontiert worden war.

Fast ein Jahrzehnt lang hatten eine AEG-Tochter und eine spendable öffentliche Hand zugepackt, um eine kleine «M-Bahn» zwischen Kemperplatz und Gleisdreieck aufs zwei Kilometer lange Geleise zu bringen. Und kaum war das Magnetschwebe-Bähnle 1991 für den regulären Fahrgastverkehr zugelassen, fuhren die Abrißbagger vor, Platz zu machen für Daimler-City, Sony-Center und den

U-Bahnbau. Für das vergnügliche Gefährt blieben etwa 150 Millionen DM auf der Strecke, darunter 22 Millionen des Landes Berlin und 66 des Bundes. Nun also ein neuer, längerer Anlauf, der mehrere Bundesverkehrsminister umtreiben wird.

Der erste heißt Günther Krause. Ihm schwebt ein norddeutscher Großflughafen vor, bei Parchim in seinem Wahlkreis, per Transrapid von Hamburg und Berlin flugs erreichbar. Wahnsinn! Etwa 30 000 Arbeitsplätze, jährlich 16 Millionen Fahrgäste, zehnminütige Zugfolge, drei Viertelstunden Schwebezeit zwischen Bille und Havel. Und das alles – über den kleinen Finger gepeilt – für ganze 8 Milliarden private DM oder etwas mehr. Kurzum, am 15. Juli 1992 geht die Magnetschnellbahn-Verbindung in den Bundesverkehrswegeplan ein – und bald darauf in die Geschichte.

Am 23. April 1993 präsentiert die Magnetschnellbahn Berlin-Hamburg GmbH, ein Konsortium von Siemens, AEG und Thyssen Henschel, das Konzept: Die Kosten, zehn Milliarden DM, soll, soweit es um den Streckenbau ging, der Bund allein tragen, an der Betriebsgesellschaft sich mehrheitlich beteiligen. Über den Daumen kalkulierte 15 Millionen Reisende per annum würden in den Endlosschlangen vor den Fahrkartenschaltern geduldig dafür sorgen, daß sich die Investition rentiert. Die Laien wundern sich: Was treibt zukünftig so viele Preußen zu den Hanseaten beziehungsweise Pfeffersäcke in die Streusandbüchse, zehnmal mehr als gewöhnlich?

Zwei Wochen hat man über das Konzept gestaunt, da nimmt Günther Krause seinen Hut. Vergleichsweise geringer Kosten wegen. Seine Reinemachefrau war subventioniert und sein Wohnungsumzug auch: mit 6390 Mark und 84 Pfennigen.

Zweiter Verkehrsminister: Matthias Wissmann. Wie am Schnürchen läuft es nun. Anfang März 1993 der Kabinettsbeschluß, die Transrapidstrecke mit 5,6 Milliarden DM öffentlich zu finanzieren; für die Betriebskosten, etwa 3,3 Milliarden, erklären sich die beteiligten Unternehmen bereit. Im September passiert das Planungsgesetz den Bundestag. Im Spätsommer 1996 läuft das Raumordnungsverfahren an. Eine «Magnetschnellbahn Planungsgesellschaft» geht an die Arbeit.

Euphorisch sind die ersten Gedankenspiele. Oh ja, Berlin: ein Haltebahnhof auf der Fünf-Stunden-Strecke Hamburg-Moskau mit Abzweig nach Wien oder, sagen wir mal, Dresden, wenigstens aber zum Flughafen Schönefeld oder zum Bahnhof Papestraße, mindestens jedoch bis Westkreuz oder Spandau-West. Für realistisch halten die Planer am Ende eine zehn Meter breite Trasse, auf der die Magnetbahn – auf 200 Stundenkilometer abgebremst – von Spandau über Fürstenbrunn in den Nordring hineinschwebt, an der Heidestraße in einem Tunnel verschwindet und unmittelbar östlich des neuen Lehrter Bahnhofs unterirdisch andockt. Schon wird die alte Haltestelle Siemensstadt-Fürstenbrunn aus dem Weg geräumt, die Trasse mancherorts freigerodet, schon verlängert man in Staaken eine Brücke, plant man am Ruhwaldweg einen Overfly.

Nicht verstummen aber wollen die kritischen Stimmen. Da beginnen Spaßvögel Spargroschen zu sammeln für das gute Werk. Da zweifeln Finanzexperten an der Erfolgsrechnung, kalkulieren die Fahrzeiten und Baukosten kontinuierlich hinauf, die erwarteten Fahrgastzahlen hinunter, die erhofften Arbeitsplätze hinauf und hinunter. Da warnen Umweltschützer vor dem Landschaftsverbrauch, und überhaupt: Wozu parallel zu einer bestehenden, im Ausbau sich befindenden Bahnlinie eine Magnetstrecke, miteinander kompatibel wie zwei gleichnamige Pole? Erste Bürgerinitiativen regen sich, starten im Herbst 1997 eine Volksinitiative in Brandenburg, ein Jahr danach in Berlin. Doch da amtiert Wissmann schon nicht mehr – abgewählt samt Bundeskanzler.

Dritter Verkehrsminister: Franz Müntefering. In das Anfang 1999 begonnene Planfeststellungsverfahren platzt er mit dem Vorschlag herein, die immer teurer werdende Magnetbahn sparsamer eingleisig schweben zu lassen. Viel weiter kommt er nicht, da ihn seine Partei als Generalsekretär nötiger hat.

Vierter Verkehrsminister: zwei Wochen lang Jürgen Trittin, der unverzüglich mit sich «selbst eine erbitterte Debatte über den Transrapid führen» will. Niemand weiß, ob er es tat.

Fünfter Verkehrsminister: ab 30. September 1999 Reinhart Klimmt, von den saarländischen Wählern verabschiedeter Ministerpräsident, der mit einem Amt versorgt werden muß. Er beendet am 5. Februar 2000 in trauter Runde mit Vertretern der Deutschen Bahn und des Magnetbahn-Konsortiums das Hamburg-Berliner Abenteuer. 340 Millionen DM sind bereits ausgegeben; es reicht. Im Ruhrgebiet und in München meldet man Interesse an einer Transrapidstrecke an. Als es wieder Herbst wird, nimmt auch Klimmt seinen Hut, keiner Schuld bewußt, aber mit einem Strafbefehl über 27 000 DM wegen Betrügereien für die Vereinskasse des 1. FC Saarbrücken im Briefkasten.

Sechster Verkehrsminister: Kurt Bodewig. Er freut sich mitteilen zu können, daß man nunmehr in Shanghai eine Transrapid-Strecke bauen wird, nur anderthalb Kilometer kürzer als die Schleife im Emsland. Ende 2002 wird sie feierlich eingeweiht – mit Bundeskanzler und Manfred Stolpe, Verkehrsminister Nummer sieben. Voilà!

Neben den Beständen des Zentrums für Berlin-Studien und des Landesarchivs Berlin und einschlägigen Zeitungssammlungen war zur Abfassung einiger Kapitel vor allem folgende gedruckte Literatur von Nutzen:

Braunkohlebergbau

Deutsches Institut für Wirtschaftsforschung (Hrsg.), Berlins Wirtschaft in der Blokkade, Berlin/München 1949

Schriftenreihe zur Berliner Zeitgeschichte, hrsg. v. Landesarchiv Berlin, 4. Bd. 2. Halbband: Quellen und Dokumente 1945-1951, Berlin 1964, S. 1493 f.

Bauakademie

Beckenbach, Niels u.a., Karl Friedrich Schinkels Berliner Bauakademie, Berlin 1996

Blauert, Elke, Karl Friedrich Schinkels Berliner Bauakademie. Ein Beitrag zu ihrem Wiederaufbau, Berlin 1994

Bodenschatz, Harald, «Der rote Kasten». Zur Bedeutung, Wirkung und Zukunft von Schinkels Bauakademie, Berlin 1996

Geist, Jonas, Karl Friedrich Schinkel. Die Bauakademie. Eine Vergegenwärtigung, Frankfurt am Main 1993

Peschken, Goerd, Schinkels Bauakademie in Berlin. Ein Aufruf zur ihrer Rettung, Berlin 1961

Tscheschner, Dorothea, Das abgerissene Außenministerium der DDR in Berlin-Mitte. Planungs- und Baugeschichte, Berlin 1997

Wiederaufbau der Bauakademie. Machbarkeitsstudie für vier Ideen (= Städtebau und Architektur Bericht 37 [1997], hrsg. v. d. Senatsverwaltung für Bauen, Wohnen und Verkehr, Berlin 1997

Karl-Liebknecht-Denkmal

Flierl, Thomas, «Vorangegangene Konzepte des Gedenkens an Rosa Luxemburg im Berliner Stadtraum», in: Ein Zeichen für Rosa Luxemburg. Deutungsmuster eines politischen Lebens, hrsg. v. Initiativkreis Ein Zeichen für Rosa Luxemburg, Berlin 2000, S. 59-74

Zentrales Gebäude am Marx-Engels-Platz

Flierl, Bruno, Gebaute DDR. Über Stadtplaner, Architekten und die Macht, Berlin 1998, S. 121-171

dslb., «Rund um Marx und Engels: Berlins ‹sozialistische› Mitte», in: Helmut Engel, Wolfgang Ribbe (Hrsg.), Hauptstadt Berlin - Wohin mit der Mitte? Historische, städtebauliche und architektonische Wurzeln des Stadtzentrums, Berlin 1993, S. 125-139

dslb., «Vom Münzturm zum Fernsehturm. Höhendominanten in der Stadtplanung von Berlin», in: Karl-Heinz Klingenburg (Hrsg.), Studien zur Berliner Kunstgeschichte, Leipzig 1986, S. 11-51, insbesondere S. 32-41

Geist, Johann Friedrich, und Kürvers, Klaus, Das Berliner Mietshaus 1945-1989, München 1989, S. 308-353

Gißke, Ehrhardt, «Der Bebauungsplan für das Zentrum der Hauptstadt der Deutschen Demokratischen Republik – Berlin», Deutsche Architektur 10(1961), S. 411-416

Kosel, Gerhard, «Aufbau des Zentrums der Hauptstadt des demokratischen Deutschlands Berlin», Deutsche Architektur 7 (1958), S. 177-183

Kaiser-Wilhelm-Gedächtniskirche

Frowein-Ziroff, Vera, Die Kaiser-Wilhelm-Gedächtniskirche. Entstehung und Bedeutung (= Die Bauwerke und Kunstdenkmäler von Berlin, Beiheft 9), Berlin 1982

Kühne, Günther, «Die Zukunft der Kaiser-Wilhelm-Gedächtniskirche», in: Bauwelt 48 (1957), S. 313-317

Reissig, Harald, «Die Kaiser-Wilhelm-Gedächtniskirche», in: Engel, Helmut, Jersch-Wenzel, Stefi, Treue, Wilhelm (Hrsg.), Geschichtslandschaft Berlin. Orte und Ereignisse, 1. Band, 2. Teil «Charlottenburg. Der Neue Westen», Berlin 1985, S. 299-324

Hubschrauberlandeplatz

Gärtner, Martin, Ruegenberg, Sergius, Bauten und Pläne seit 1925. Eine Monographie, Berlin 1990, s. 63-65.

Wir bauen die neue Stadt, hrsg. v. Bezirksamt Kreuzberg von Berlin, Berlin 1956.

Für den Hinweis auf dieses Projekt sei Wolfgang Schäche gedankt.

Ernst-Thälmann-Denkmal

Feist, Günter, «Platz gemacht für Monumentalpropaganda. Ein Kapitel Stadtbildpflege in der ‹Hauptstadt der DDR›», in: Eckhart Gillen und Rainer Haarmann (Hrsg.), Kunst in der DDR, Köln 1990, S. 126-136

Flierl, Thomas, «Thälmann und Thälmann vor allen. Ein Nationaldenkmal für die Hauptstadt der DDR, Berlin», in: Günter Feist, Eckhart Gillen, Beatrice Vierneisel (Hrsg.), Kunstdokumentation SBZ/DDR 1945-1990, Berlin 1996, S. 358-385

Dank geht an Frau Wolff von der Akademie der Künste für ihre unbürokratische Hilfe.

U-Bahnlinie 10

Bülow, Heinz, «U-Bahnlinie 9 in Steglitz betriebsbereit», Sonderdruck Berliner Bauwirtschaft; Berlin 1974

Domke, Petra, Markus Hoeft, Tunnel, Gräben, Viadukte. Hundert Jahre Baugeschichte der Berliner U-Bahn, Berlin 1998

Hachtmann, Rüdiger, «Die kurzen U-Bahnlinien 3, 4 und 5», in: Berliner Verkehrsblätter 17. Jg. (1970), S. 66

Meyer-Kronthaler, Jürgen, Berliner U-Bahnhöfe. Die ersten hundert Jahre, 2. Aufl. Berlin 1996

Südgüterbahnhof

Vor Einfahrt: Halt. Ein neuer Park mit alter Geschichte. Der Natur-Park Schöneberger Südgelände in Berlin, hrsg. v. d. Grün Berlin Park und Garten GmbH, Berlin 2000

Sportzentrum der Freien Universität

Jancke, Jacqueline, «Der Domänenacker – begehrtes, aber verwehrtes (?) Baugebiet», in: Peter Lümmel (Hrsg.), Vom Berliner Stadtgut zum Freilichtmuseum. Geschichte und Geschichten der Domäne Dahlem (=Dahlemer Materialien 5 [1997]), S. 214-224

Kaak, Heinrich, «Domäne Dahlem», in: Engel, Helmut, Jersch-Wenzel, Stefi, Treue, Wilhelm (Hrsg.), Geschichtslandschaft Berlin. Orte und Ereignisse, 4. Bd. «Zehlendorf», Berlin 1992, S. 160-175

Freizeitbad am Prager Platz

Kleihues, Josef Paul, «Der Prager Platz», in: Internationale Bauausstellung Berlin 1987. Projektübersicht, Berlin 1991, S. 22-27

dslb. (Hrsg.), Schriftenreihe zur Internationalen Bauausstellung Berlin 1984/87, 6. Bd. «Prager Platz», Stuttgart 1989

dslb. (Hrsg.), Schriftenreihe zur Internationalen Bauausstellung Berlin 1984/87, 7. Bd. «Die Neubaugebiete», Stuttgart 1993

Deutsches Historisches Museum

Christoph Stölzl (Hrsg.), Deutsches Historisches Museum. Ideen – Kontroversen – Perspektiven, Frankfurt am Main/Berlin 1988

Olympiahalle

Berlin 2000. Olympia-Konzept, hrsg. v. Olympia-Büro Berlin 1990

Berlin 2000, hrsg. v. Olympia-Büro Berlin 1990

Darüberhinaus sei Herrn Heidinger von den Berliner Wasserbetrieben gedankt, daß er so bereitwillig und geduldig Auskünfte zum «Objekt 3333» gegeben hat.

BILDQUELLEN

Archiv der Akademie der Künste, Sammlung Baukunst: Seite 87
Beller, Peter: Seite 77
Böhm, Gottfried: Seite 92
Bezirksamt Wilmersdorf von Berlin, Abt. Bau- und Wohnungswesen, Vermessungs-
amt, Ausgabe 93: Seite 47
Bundesarchiv: Bild 183/12946/4 Seite 23; Bild 183/S 98757 Seite 40
BVG-Archiv: Seite 49
Deutsche Archiktektur 7 (1958): Seite 177
Deutsches Historisches Museum (DHM) Berlin: Umschlagabbildung; Seite 96
Gärtner, Martin etc.: Seite 37
Hoffmann, Andreas: Seiten 54, 59, 83, 109
Hollein, Hans: Seite 89
Janetzki, Klaus: Seiten 73; 75
Kleihues, J.P., «Der Prager Platz», in Internationale Bauausstellung Berlin 1987, Pro-
jektübersicht Berlin 1991: Seite 92
Landesarchiv Berlin: Seiten 2 (Vitrine am Zoo-Viertel); 9; 11; 13; 18; 21; 30; 32; 33;
38; 45; 52; 56; 57; 62; 64; 65; 67; 71; 93; 102; 122
Landesarchiv Berlin: / Edmund Kasperski: Seite 99; 103
Landesarchiv Berlin: / Klaus Lehnartz: Seite 28 (beide); 100
Léon, Hilde: Seiten 118; 121
Institut für Stadt- und Regionalplanung der Technischen Universität Berlin (Hg.),
Verkehrsplanung im «zentralen Bereich», Berlin 1982: S. 10: 55
Ouwerkerk, Jan: Seite 107
Rau, Uwe: Seiten 112; 115
Senator für Bau- und Wohnungswesen, Autotunnel Zehlendorf, August 1974: Seite
64 unten
Wir bauen die neue Stadt, hrsg. v. Bezirksamt Kreuzberg von Berlin, Berlin 1956:
Seite 35

IMPRESSUM

Gedruckt mit Unterstützung der Preußischen Seehandlung, Berlin

© 2003 by :Transit Buchverlag
Gneisenaustraße 2 · 10961 Berlin
www.transit-verlag.de

Layout und Umschlaggestaltung, unter Verwendung
eines Entwurfs Gerhard Kosels für das Zentrale Gebäude,
Künstler unbekannt / DHM
Druck und Bindung: Pustet GmbH, Regensburg
ISBN 3-88747-182-2

Andreas Hoffmann, geboren 1955, lebt in Berlin. Er veröffentlichte im :TRANSIT
Verlag erfolgreich das Buch «Verschwundene Orte. Prominente Abrisse in Berlin».